あの子に　また　きっと会える

ペットロスの悲しみが愛と感謝と希望に変わる

前田理子　アニマルコミュニケーター　　覚大　脳神経外科医／僧侶

BAB JAPAN

はじめに　悲しみ方の羅針盤

前田理子

1年のうち200日は、ペットロスで深い悲しみの最中にいる飼い主さんの相談にのっています。本書は、そんな飼い主さんたちから寄せられた、悩みや疑問の羅針盤になりたいという願いの元に生まれました。

今、本書を手に取ってくれたあなたも、こんな疑問をお持ちではありませんか？

「あの子は、もう苦しくないかしら……そして、どこにいてどんなふうにすごしているの？」

「どうぶつが人間になったり、人間がどうぶつに生まれ変わったりするの？」

「四十九日が過ぎたら、お骨を霊園に納めないと成仏できない？」

「私が逝くまで虹の橋で待っていてくれる？」

このような疑問をひも解き、解説するナビゲーターは、アニマルコミュニケーター「キキのテーブル」主宰の私、前田理子です。そしておそらく初の試みと思いますが、仏教、さらに医学の立場から、脳外科医で真言宗僧侶でもある覚大和尚が、ともに筆をとってくれました。

本書はほかにも、初の試みや独自の視点が満載です。その一つが、覚大和尚による臨床の現場でご活躍の獣医師お二方へのインタビューです。

まだご紹介したいことがたくさんあって早くお話ししたいのですが、その前に、私の仕事であるアニマルコミュニケーションについて、ご説明します。「どうぶつの心の通訳」といわれるアニマルコミュニケーションは、今ではかなり認知されてきましたが、ご存じない方もいることでしょう。飼い主さんの依頼に応じて、ペットの心に直接アクセスし、彼らの気持ちや願いを感じ取ります。感じ取ったことを、人間の言葉に置き換え、飼い主さんにお伝えするものです。

もしあなたが今、「ああ、そういう怪しい類《たぐい》のもの……」と思ったなら、20年前の私も、まったく同じ気持ちでいたと答えます。

そんな気持ちに風穴があいたのは、先天的に身体の弱い猫を保護したある日のことです。当時ペットシッターをしていた私は、その猫の診察にとある動物病院を訪れていました。保護した悲惨な状況を説明していたときのことです。

「この子、自分はそんな惨めな猫ではないといっています」と、後ろから話しかけられました。振り向くとかわいらしい女性が立っていて、彼女は診察台の猫の目をみながら、続きを話し始めたのです。その内容が私しか知らないことばかりだったので、驚きのあまり棒立ちになってしまいました。今の仕事と相容れないと思われるかもしれませんが、日常生活での私は現実主義で、怪しい類のことになじまない性質です。

そのかわいい女性は院長先生の奥さんでした。「妻は、どうぶつたちの心の声をキャッチできるのです」と教えてくれた院長は、私が疑り深い表情になったことに気づいたのでしょう。

「怪しいと思うのは知らないからです。脳の使い方としくみを知れば、誤解は解けますよ」。当時院長が言った脳のしくみや使い方は、本書の2章でご紹介しています。あなたも愛しいペットの声を感じ取れるよう、チャレンジなさってみてください。

さて本書は、前半が悲しみ方について、後半部分は死後の世界のことで構成されています。ペットの死後の世界は、大いに関心を持ちながらも迷っている飼い主さんが多いものです。それは、人間の死後の世界のしくみを、そのままペットにあてはめていることからもきています。

そこで本書は、人間の死後の世界とペットの死後の世界を、比較しながら解説しています。あなたは、ペットの死後の世界を知りながら、同時に自分の死後の世界についても知ることができるのです。

人間の死後の世界は、仏典『チベット死者の書』より、転生するか否かが決まる四十九日までの驚きの世界を、覚大和尚と私、それぞれの視点から解説しています。ペットの死後の世界は、「この世で再会」「あの世で再会」「全体の中に愛しい子をみる」の三つのコースに分け、実例や自分で実行できることをあげながらご説明しています。

さらに、共著者覚大和尚と出会うまでに起きた、不思議なお話も登場します。本書のカバー袖にある、プードルの微笑みと金色の光に、そのお話の秘密があります。

私たちは、自分のペットが純粋な愛を持っていることはよくわかっていますが、その実、彼らが深いところまで理解しているのを知らないものです。本書を最後まで読んでいただければ、ペットたちの深い英知に驚き、その思いやりにあなたの胸は温かくなることでしょう。

最後に、みえない世界が初めての方にとって、誤解を招きやすい用語や考え方についてお伝えします。旅行の前には、ガイドブックを読んで調べるものです。同様に、見知らぬ世界へ行く前の予備知識という気持ちで、お読みください。

【魂と神について】

死後の世界や転生についてのお話なので、「魂」「神」という言葉が出てきます。魂という言葉に抵抗がある方は、ご自分の中で「意識」「存在」と置き換えてお読みください。本文でも、その時々でさまざまな言い方を用いています。

神についてですが、現存する特定の宗教の神や、その宗教の開祖という意味ではありません。この宇宙の「摂理」「根源神」とご理解ください。

【真理について】

私が担当する章では、イエス・キリストや釈迦の教えを軸にお話ししています。教えといっても、「まいた種は自分で刈り取らねばならない」「因果応報」、どなたでも聞いたことがある、シンプルなものです。

ここからは、ペットのことで2点お知らせがあります。
ペットは直訳すると、愛玩動物です。愛玩の「玩」の字に違和感を持つ方も多く、私もその1人です。今はペットも家族の一員があたりまえという時代ですから、「うちの子」という言い方がかなり浸透しています。そこで本書は、その時々によって、「うちの子」「愛しい子」「ペット」と使い分けて書いていきます。

本書に登場してもらったペットたちのエピソードはすべて実話ですが、プライバシー保護や飼い主さんの要望により、一部、名前等を変えています。

さあ、ではお待たせいたしました。準備はよろしいでしょうか。あなたの愛しい子とともに、今まであなたが知らなかった世界の扉を、大きく開いていきましょう。

はじめに

悲しみの湖にさし込む一筋の光のように

覚大

嘆き悲しむこと。それは最もつらいときの人の感情のあらわれです。

近親者の旅立ち。夫婦の永遠の別れ。心が沈みます。

本書を手にされている方の多くは、ご自分の最愛のペットが亡くなって虹の橋を渡ってしまい、日々放心されていることと思います。

悲しくて、悲しくて、もう一度、私の「あの子」に会いたい。あの子は今、幸せなのだろうか。あのとき、あの子にああしてあげればよかった。あの子は私のことをどう思っているだろうか……。そう思えば思うほど、涙が頬をぬらします。

眠れない日々が続き、食事も喉を通らなくなり、げっそり痩せて、私のクリニックの心療内科外来に来られます。どうしたらいいですか――。診察室では、忘れる方法を答えとして求められることがほとんどです。

そのようなときは、心を清浄する必要があります。清浄とは、心のよどみを洗い流し、新しい、すがすがしい風を魂に招き入れることです。私は外来ではこのようなとき、安定剤を出したくありません。薬の力では悲しみの表出を鈍らせるだけです。

代わりに、思いきりその子のことを思って涙を流していいんだよ。声をあげて泣いていいんだよ。そして泣き疲れてふと顔をあげたとき、新しい光と風が心の隙間にさし込んでくるのを待ってくださいと、伝えます。

そして、そこにもう一つ。虹の橋を渡ってしまった子たちの声を伝えてくれるアニマルコミュニケーターに、あの子の今の声、今の気持ちを聞いてみてください。アニマルコミュニケーターから、あの子のいいたいことや表情を聞けば、そのときに新しいさわやかな風を感じるでしょう。

本書の共著者の前田理子さんもアニマルコミュニケーターであり、私が自信を持っておすすめできるプロフェッショナルです。本書ではその理子さんが、逝くときの人の心と虹の橋を渡るペットの心との共通点と相違点を、豊富なご経験を通してお話ししてくださっています。本書を読み進めていくうちに、ペットロスにより沈んでしまったご自分の心にいつの間にか、美しい光がすがすがしくさし込んでくることでしょう。

本書の原稿を書いているうちに、私は現役の獣医師にペットの死生観、旅立って行くペットたちへの接し方などについての本音を聞いてみたくなり、お二人の高名な獣医師、蓮岡元一さん（大阪府東大阪市）と鈴木玲子さん（東京都新宿区）にインタビューをしてきました。早朝から夜半まで、常にペットを診ていらっしゃるお二人からうかがった見解は、本書の視点を別の角度から広げ、読者のみなさんの心に届く深い内容になったと思います。

私は脳神経外科医として日々生死の現場を診ています。そして今を生きる力と勇気を得るために、仏教（密教）的な心の持ち方を患者さんと共有しています。

悲しみは時間とともに癒される、次のペットを飼ったらすぐに忘れられる——。そんな声を耳にします。しかし、私の「ペット」は、「もの」ではありません。壊れたものを買い替えて、新しいものにして、すっきりするでしょうか？「買（飼）い替える」ことで、悲しみにくれている飼い主さんの心は癒されるでしょうか？

思いっきり嗚咽《おえつ》して、悲しんで、アニマルコミュニケーターを通してあの子のその声を聞いて心が鎮まったとき、心に一筋の光がさしてくることでしょう。

あの子にまたきっと会える●目次

第2章　悲しみのプロセスを知ろう（前田理子）

第3章　終末期を看取る獣医師の本音（覚大）

第4章　ペットたちは死ぬことをどう思っているのか？（前田理子）

もくじ

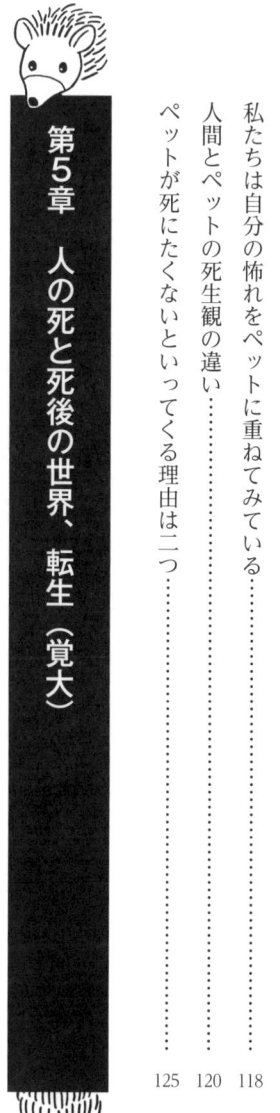

第6章　人間の転生とペットたちの転生（前田理子）

第7章　あの世で会う　この世で会う　全体の中にあの子をみる（前田理子）

第8章　愛について（前田理子）

おわりに

第1章

なぜ、ペットの死はこんなにも悲しいのか？

ペットは最初に、元気な姿をみせてくれる

ペットロスで相談にくる飼い主さんに、アニマルコミュニケーションの結果を報告するとき、必ず最初にお伝えすることがあります。それは、飼い主さんのペットがその子らしく元気にしている様子を、できるだけ詳しくお話しすることです。

具体的な事例でご紹介しましょう。飼い主さんが仕事に行っている間、心筋梗塞で旅立ってしまったチワワのココちゃんは、きちんとお座りして小首をかしげ、真ん丸な目で私を見上げてきました。

「私、自分がかわいいってよくわかっている。ほら、こんなポーズで迎えに行くと、ママもパパもとろけそうな声を出すのよ。もちろん、今も毎日お迎えに出ているわ」。

老衰で旅立った食いしん坊のパグ、太郎君は、フカフカのクッションにダイナマイ

おやつがあれば
ノリノリで
話すんだけどなー
TARO

トボディを沈め、大きな目でじろっと私を検分しながらいいました。「知っているよ、あなたのこと。お姉ちゃんが、タロ君、前田理子さんという人が行くからお話ししてねって、毎日俺にお願いしてくるからさ」。

それは話が早いとばかりに、「そうでしたか。では早速お話を」と私が身を乗り出すと、待ったがかかりました。

「その前（話す前）に何か持ってない～？」

「何かって？」といいながら、私の周辺によい香りがぷーんと漂ってきたのです。太郎君に集中してみると、急にテンションが上がった様子で、「おやつだよ。（もらうと）俺は、普段の2倍のノリで話せるんだー。約束してもいいよ」。

「ごめんなさい。今日はエネルギーの世界だからあげるわけにはいかないの」。そう答えたときの状況の変化に、太郎君がお姉ちゃんと呼ぶ飼い主さんは、太郎らしいと大笑いしたものです。

チーンと音がしたかと思うと、一気にまわりが暗くなってしまったのです。思念の世界は、思ったことが即結果となって反映される世界です。太郎君のやる気をなくした気持ちが、音や暗さとなって表れたというわけです。

人見知りの子たちもまた、その子らしい様子で登場してくれるものです。アニマルコミュニケーターになって間もないころでした。キジトラ柄の猫、竜君にアクセスしましたが、返事もなければ、気配すら感じません。飼い主さんに報告するまでその子の性格を知りませんから、新米だった私はつながれていないのかと、心配になってきました。竜君がいつもいるというリビングの部屋の写真をもらっていたので、その写真に向かって意識を集中させてみますが、一向に気配や動きを感じないのです。伝わってくるのは、シーンとした空気だけです。

結局竜君は最後まで姿をみせず、こちらの質問に思念だけが返ってくるという形でリーディングを終えました。

申し訳ない気持ちで飼い主さんに報告すると、冒頭のシーンとした気配のところで、飼い主さんは泣き出してしまいました。「ああ、竜です。間違いなく、うちの竜君です。超がつく人見知りで、ペットシッターさんに頼んで出かけたときも、１週間姿をみせなかったのです。フードの減り具合で、生存確認していたくらいですから」。

身体はなくなったけれど意識はちゃんとあるんだよ

最初のころは、とにかく伝わってきたエネルギーをキャッチすることに必死でしたから、なぜペットたちがみな、そろいもそろってその子らしい元気な姿をみせようとしてくるのか、よくわかっていませんでした。少し余裕が出てきたころ、元気な姿を伝えてくれるペットたちの気持ちもキャッチできるようになってきたのです。

その気持ちを最初に感じたとき、胸の奥がツーンとなったのを鮮明に覚えています。次に、寒い日温かいスープを飲んだときのように、胸全体がジンワリと温かくなったものです。

どの子もみんな、愛する飼い主さんを心配しているのです。身体はなくなったけれど、意識（魂）はちゃんとあることを、伝えたくて仕方ないのです。

冒頭のココちゃんは、こういいました。「ママは、今でも家に帰って来たときが一番憂鬱《ゆううつ》そうなの。ソファーの上で動かなくなった私をみつけたときのことを思い出してしまうから。でも私の目に焼きついているのは、最期のあの日、行ってくるねって私をギュッとして笑ったときのママの優しい顔。だから、帰ってきたらただいまって言って、笑って。それから、エアーギュッとしてほしい」。

「俺が元気で食いしん坊なところをあなたにみせたのは、痩せて食べられなくなってクタっとなった俺のこと、お姉ちゃんは思い出すたび悲しくなっているからさ」と、若いころのムチムチした身体を再現してくれた太郎君。

「お母さんは毎晩、一緒に寝ようねって僕の骨が入った箱を2階の寝床まで持っていくよ。でも階段の途中で立ち止まって、泣いてしまう。『竜君、こんなに小さくなっちゃって。今どこにいるの？』って。お母さんの悲しい気持ちは、僕に振動として伝わってくる。だから僕、『いるよ、枕元に。いつものように右側にいる』って返事をしているけれど……お母さんには聞こえていない」と、姿をみせずとも思念を伝えてくれた竜君。

こんなふうに、大事な子の様子を伝えたときの飼い主さんの変化をみるのは、私たちアニマルコミュニケーターにとって、最大の喜びです。
ある飼い主さんは、私の後ろにその子がみえているかのように目を見開いたまま、ポロポロと大粒の涙を流していました。カバンの中から急いでタオルを出すと、タオルを涙の受け皿のようにし、テーブルに突っ伏したまま号泣する飼い主さんもいます。「ああ、○○です。ああ、本当に○○です。○○はいるのですね」と、笑い泣きになってうなずき、自分に言い聞かせる飼い主さんもいます。

いなくなったと思っていた愛しい子がいる！　姿はみえなくとも、ちゃんとあの子の存在はある！　に変わった瞬間です。

それは悲しみや絶望が、喜びや希望に変わりつつある瞬間なのです。実際、暗く感じた室内が、ぱっと明るくなることもありますし、その方を取り巻くオーラはもっと劇的な変化をみせてくれます。一瞬で、暗い色から明るい色へと変化するのを、私は何度もみてきました。

悲しみは孤独の深さと思い出の数、役割の多さに比例する

次は、あなたの悲しみについてひも解いていきましょう。

突然ですが、あなたは孤独を抱えていますか？　「はい」、「いいえ」と、すぐに答えられる人は少ないことでしょう。たとえあなたが孤独だったとしても、自分が孤独だなどと他人に知られたくないですし、そもそも自分が孤独かどうか、向き合っても楽しくないことを考えたりしないものです。

でも、愛するペットが旅立って「人生の中でこんなにつらく悲しいことは初めて」と身にしみているあなた。あなたは間違いなく孤独を抱えているのです。

孤独といっても、１人暮らしで、仕事の相手はパソコンの画面がほとんどというように、あなたが置かれた環境や状況で、孤独というのではありません。友人がたくさんいても、いつも聞き役、相談され役で自分の本音を言えない。よき夫と子どもがいて、端からみたら何の不足がないようにみえても、いつも他人のために生きていて、自分の気持ちは脇に置いている。仕事は楽しく、社会的に評価もされているけれど、そんな自分でなかったら愛してくれる人はいるだろうか？という思いが、いつも頭をかすめている。

そんな方たちはみな孤独といえるでしょう。孤独は単に1人でいるからではなく、自分の思うことを人に素直に伝えて心を通い合わせ、いろんな思いを分かち合っているか？　分かち合える相手がいるか？で決まってくるのです。

こう考えると、現代社会のほとんどの人は孤独といえるのではないでしょうか。

その孤独のすべてを埋める役割をしてくれるのが、あなたの愛しいペットです。彼らは、あなたの愚痴やため息を黙って受け止めてくれます。泣けば心配そうに顔をのぞき込んできて、涙をなめてくれます。仕事や飲み会で遅く帰っても、同じように大歓迎して迎えてくれるのです。そしてたとえ、あなたが失業して家を失ったとしても、あなたがその子を手放さない限り、その子があなたの元を離れることはありません。

ペットの役割は子育てから親の介護と看取りまで

あなたがペットに投影している役割が、いくつあるか数えてみましょう。親子（時おり、ペットと親子逆転）、親友、恋人、人生のパートナー……、まだあるかもしれません。孤独が深い人ほど、ペットが受け持っていた役割の数は多くなります。

その役割の多さに、人生で経験する出来事が加わってきます。ペットが子犬、子猫で来た場合、最初の1年ほどは人間の子育て期を経験します。よいフード選び、健康診断にワクチン接種、危険がないよう室内の環境を整えて、毎日のお散歩に公園デビュー。こうしてみると、人間の子育て期に負けないくらい、やることがありますね。

2歳くらいから8歳くらいまでは、楽しい思い出が多い青年期です。犬なら一緒に旅行に行ったり、猫ならいつのまにか家の主が愛猫になっていて、あなたがお仕えする日々です。犬とは共通の体験からくる一体感から絆を深め、猫はただそこにいるだけでかわいがられる存在に、あなたは自分を重ねて癒されるでしょう。

8歳を超えたあたりから、人間同様ペットたちも疾患を抱える子が出てきます。あなたは病院を選び、投薬や手術についての選択も経験します。

12歳くらいからは、慢性疾患が増え、本格的な闘病が始まります。やがて、終末期、時には長い介護生活を経て、ペットの看取りを経験するのです。


こうしてみてみると、ペットは1頭で、人と人同士が分かち合うすべての関係を経験させてくれるわけです。「親の死より悲しいペットの死」といわれるのは、こんな関係の深さや分かち合う経験の多さからきています。

あなたをこの世に産み出してくれた親の死は、本当につらく悲しいものです。でもペットたちとの関係は、最初はあなたの子どもとして、次第に親友になり、時に大事なパートナーの役割もしてくれます。そして最後はあなたの親の年齢になって、介護と看取りを経験するわけです。

今まで、どうしてこんなに悲しいのかと途方にくれていた方は、悲しくないほうがおかしいということに気づくでしょう。そして、悲しむ自分を許してあげることが大事です。悲しいのが正解です。そう、こんなに悲しいことはないくらい悲しくてさびしくて、埋められない喪失感があってあたりまえなのです。

あなたの気持ちに気づかない人が、こんなふうに言ってくることもあるでしょう。

「いつまでも悲しんでいたら、○○ちゃん、成仏できないわよ」

言い回しは違いますが、こちらも同じ意味です。

「あら、まだ次の子をお迎えしないの？」

ペットロスの真っただ中にいる人にとって、傷つく言葉の上位にランクインするのがこの二つです。次の子をお迎えしないのと聞いてくる人には、逆にこう聞いてみたいものです。

「あなたは、子どもで、親友で、パートナーで、最後は親のような役割をしてくれた相手を亡くして、すぐに代わりの人と楽しく暮らせますか？」と。

「いつまでも悲しんでいたら、○○ちゃん、成仏できないわよ」と言ってくる人は、励ますつもりで言ってくれたと、受け流すしかないのでしょうか？　本当にそうだったとしても、「成仏」という仏教の言葉には重みがありますから、気にする飼い主さんが多いのです。

覚大和尚に、仏教の見地からみた「成仏」について聞いてみたいと思います。

「成仏」とは、迷いや執着から解放された穏やかな状態（これを仏教語で、涅槃《ねはん》に入ることを指します。命がなくなったあと、その魂がなんらかの未練や執着、解決されていない問題などを抱えている場合には、「成仏できない」といいます。

たとえば、ペットたちが残された飼い主さんに何かを伝えられていないために、大きな悔いとか心配を残して逝ってしまった場合などです。

ペットたちに成仏（解放された穏やかな状態）してもらうには、私たち飼い主の悲しみが大きな鍵を持つことが、和尚のお話からもよくわかります。でも今までお話ししてきたように、悲しまないなど無理な相談ですよね。

では、どうしたらいいのでしょう？　ここからは、ペットたちを心配させない、彼らの足を引っ張らない悲しみ方について、ご紹介していきます。

涙は身体のデトックス＆心のリラックス

冒頭で取り上げたように、いないと思っていた子に会えたと実感して喜びの涙を流すと、いろいろな感情や思い出が湧き上がってくるものです。その子の匂いや毛の感触、抱っこしたときの重み、旅行に行っておいしいものを食べさせたときの幸せな感覚、さびしいとき、いつも寄り添ってくれたあの優しい時間――今まで心にフタをしていた方はなおさら、その子との思い出があふれ、涙が止まらなくなるものです。

「我慢しないでくださいね。ここはほかに誰もいませんし。まずは思いっきり泣きましょう」そう言って、私はいつも用意しているティッシュを、時には箱ごと渡します。涙にぬれた頬に、最初部屋に入って来たときのかたさはありません。緩んで赤味がさし、血色がよくなっています。日本人は、人前で泣くことを恥ずかしいと感じる奥ゆかしさがありますから、「すみません」を連発する方もいます。

謝る必要など、まったくありません。泣くという行為は心と身体の解放で、その効果は医学的にも証明されています。

心身にストレスがかかると、副腎皮質でコルチゾールが分泌されます。コルチゾールはさまざまなストレスを感じると分泌されるため、別名ストレスホルモンと呼ばれます。コルチゾールが多く分泌されると、副腎が疲労し、心身に悪影響を及ぼしますが、涙は、コルチゾールをはじめとするストレス物質を排出してくれる役割があるのです。さらに涙を流したあとにはエンドルフィンというホルモンが分泌されます。エンドルフィンは脳でつくられる、モルヒネよりも鎮静効果が大きいといわれる物質で、悲しみやストレス、痛みなどを和らげます。

「そんなわけで泣くという行為自体にデトックス効果があって、泣くことで心が解放されてリラックスするそうです。これからも大いに泣きましょう」とおすすめします。

すると、こんなふうに聞かれることがあります。

「泣くのは今日限り。これからは泣かないようにしたほうが、早く元気になれませんか？」

「泣いてばかりいたら、あの子が心配しませんか？」

泣かないようにすることから、ご説明します。泣くのを我慢すると、早く元気になれるというのは、順番が間違っています。

悲しみを出しきって、自然と泣かないようになる。結果元気になる、が正しい順番です。悲しみを抱えたまま、泣かないようにするということは、悲しみを我慢する、抑え込むことです。

感情を閉じ込めて我慢し続けると、私たちの心と身体はどうなるか？　セッションに来たある飼い主さんと、マルチーズの女の子の事例からお話ししましょう。

心に溜めた我慢は身体の不調となって表れる

その飼い主さんを、仮にYさんとします。彼女は、私がペット関連のイベントに出店していたときに、ふらりと現れた人でした。アニマルコミュニケーションがまだ珍しかった10年くらい前のことです。イベントのセッション枠は20分で、その場で携帯の写真からリーディングするという簡易的セッションです。

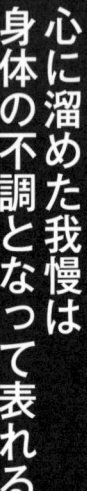

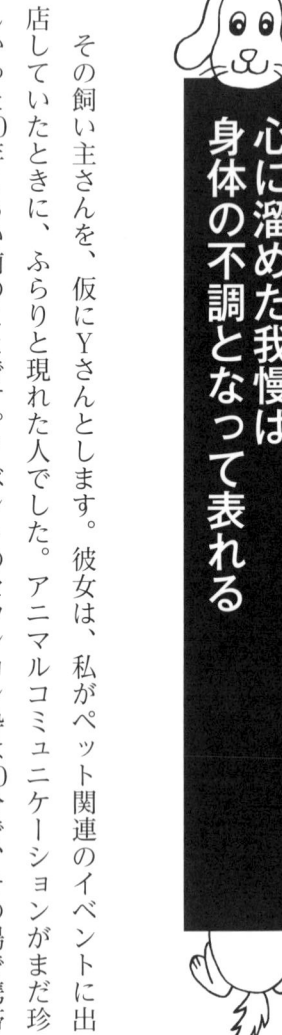

ほかのお客さんの質問は、「お散歩は好き?」や「どうして、トリミングに行きたくないの?」という、日常の中のちょっとしたお悩みや疑問を多くいただきました。アニマルコミュニケーションを知って楽しんでもらうという位置づけのイベントなのです。

Yさんは最初、迷っている雰囲気を出しながら、セッションの様子をうかがっていましたが、笑っているお客さんをみて安心したような顔になり、私のほうへ迂回《うかい》しながら近づいてきました。目が合ったので会釈すると、ぴょこんと頭を下げ、小走りでやってきたのです。

「アニマルコミュニケーションは初めてですか？」と聞くと、「はい」と言って、「占いみたいなものですよね？」と、聞かれました。「……占い？」と、私は一瞬ためらいましたが、違いを説明すると長くなるので、「まぁ……似ていますかね」と答え、必要事項を書いてもらう用紙を出しました。

記入するYさんをみるともなくみていたのですが、そのときから、なんともいえない重さが伝わってきていました。清楚なOLの典型のような感じの人で、整った顔立ち、年のころなら30代後半でしょうか……3年前に亡くなった、ナナというマルチーズの女の子をみてほしい。質問は、もう3年経ったのでナナの物（遺品）を片づけていいか？という、イエス・ノーで答えられそうなものでした。その質問をYさんが書き始めると、先ほど感じた重さに加え、まわりの空気が沈み込んでいくような質のエネルギーが伝わってきたのです。

「お願いします」と、書き終わった彼女は笑顔で私をみました。その顔ときたら、さっきの清楚な感じではなく、泣きはらした老婆のようにみえたほどです。私はYさんにわからないよう小さく首を振り、今感じたものを払おうとしました。

ところが、リーディングするため目をつむった途端、私は濃い霧に包まれてしまったのです。あとからわかったのですが、この霧はYさんの心の中に3年も閉じ込めてきた悲しみの心象風景でした。

必死に霧の中で目を凝らしていましたが、何も視えてきません。ただ、Yさんの質問とは裏腹に、ナナの遺品を何一つ片づけていないという感覚が、ひしひしと伝わってくるのでした。そして、あたかもナナが生きているように振る舞って生活していると感じるのです。

私が目を開けると、小首を傾げるYさんがいました。「間違っていたらごめんなさい。感じることを、正直にお話ししますね。ナナちゃんの物を片づけていいかというご質問でしたが、実際、おしっこシートや水飲みの器も、当時のままではないかと……」。

そこまで言うと、遮られてしまいました。「やめて！　いやです！」Yさんはイベントにはおよそにつかわしくない声で叫ぶと、自分の膝に顔を埋め泣き出してしまったのです。

まわりのブースのお客さんも、何事が起きたかという顔で私たちをみていましたが、私はYさんの背後に立っている、マルチーズに目を奪われていました。彼女の携帯画面にあったマルチーズのナナが、Yさんと重なるようにして立っていたのです。亡くなって３年も経ちますから、本来なら柔らかな雰囲気で出てくるか、楽しそうなところをみせてくれるものですが、Yさんの後ろに立っているナナの顔は明らかに苦しそうです。そしてYさんが「やめて。いや！」と言って泣くと、はがい絞めにでもされたかのように身をよじってしまいました。

「Yさん、いやなのは、よくわかりました。もうやめますから、大丈夫ですよ」と、なだめ、その日は終えました。

後日、Yさんの希望でフルセッションをしたのですが、私が感じ取ったようにナナが亡くなったことを認めることさえ怖くてできず、３年もの間生きているように振舞い、生活してきたというのです。そんな生活が、本当はとても苦しかったのでしょう。イベントの簡易セッションで、まさか言い当てられるとは思っていなかったもので、つい受けてみたくなったそうです。

Yさんは、ナナが逝ってからあのイベント会場で泣くまで、泣いたこともなかったというのです。Yさん自身がきちんと悲しまないと、愛するナナも苦しいままだということを伝えましたが、最初はなかなかわかってもらえませんでした。頑なに心と感情を閉ざしてきたので、感情を解放することが怖いという感じです。自分の感情を解放すると、ナナがいなくなってしまうように思うのと、我慢していれば、いずれ元気になると思い込んできたのでした。

Yさんだけにいえることではありませんが、そういう思いは、間違いであることを知ってほしいと思います。メンタル面を押し殺していると、あなたの深い意識が、あなた自身にそのことを知らせようとして、身体（肉体面）の不調となって具現化してきます。具現化というのは、なんらかの症状が身体に発現し、時には病名がつく疾患となってしまうことです。

案の定、Yさんは当時、心臓と自律神経を患っていました。繰り返しますが、Yさんの事例は、彼女だけの体験ではありません。現代社会は、身体と心を別々に考える傾向にありますが、スピリチュアルの視点からみると、心の不調が先で、そのことに気づかない、気づきたくないと無理を重ねるうち、最終的な知らせとして、肉体面に現れてくるのです。

「ごめんね」泣きから「ありがとう」泣きへ

「泣いてばかりいたら、あの子が心配しませんか？」。この問いは、先ほどの成仏できないことを案ずる気持ちに通じるものがありますが、安心してください。心配させない泣き方があるのです。私が「ありがとう泣き」と呼んでいる泣き方をご紹介しましょう。

ところで、私たちが日々「ありがとう」と言うときに使うのは、平仮名が多いものですが、漢字で書くと「有《あ》り難《がと》う」となります。「難し」という漢字が入ってくるのを、意外に思いませんか？　調べてみたところ、語源は仏教から来ていました。覚大和尚に解説していただきましょう。

この言葉の語源は、昔の日本語の形容詞「有《あ》り難《がた》し」にあります。「有り（存在する）」＋「難し（むずかしい）」→「滅多にないこと」を意味します。

そこから「貴重でありがたい」という意味が生まれ、鎌倉時代ごろより使われ出したようです。ありがたしを言い回しているうちに、現代の日本語の「ありがとう」に、音のうえでおさまりました。

なるほど、「ありがとう」という言葉は滅多にないことという意味からきているのですね。世界で唯一無二だった愛しいペットにかけてあげるのに、とてもふさわしい語源からきている言葉です。

この滅多にない「ありがとう」はあとにとっておいて、先に、やってはいけない「ごめんね」のほうからご説明します。愛する人から、毎日こんなふうに「ごめんね攻撃」を受けたらどう感じますか？

「泣いてばかりでごめんね」「あのとき○○できなくて、ごめんね」「○○しちゃって、ごめんね」……試しに自分で、10回くらい声に出して言ってみてください。言われてもうれしくないですし、なんだか、どんどん憂鬱になってくるのを感じられると思います。そもそも「ごめんね」はネガティブな言葉ですから、浴び続けたほうもその影響を受けることになります。

「ごめんね」の対極にあるのは、ポジティブな言葉、覚大和尚の説明にもあったとおり、滅多にないことを意味する「ありがとう」ですね。「ごめんね」でネガティブに大きく傾いたときは、ポジティブな「ありがとう」でバランスをとってほしいのです。

こんなふうに、「ありがとう」で終えてみてください。

「泣いてばかりでごめんね。でも〇〇が大好きだからだよ。こんなふうに思える子に出会えて、幸せ。〇〇、私のところに来てくれてありがとう」。

「あのとき、△△できなくてごめんね。でも、〇〇だから、我慢して頑張ってくれたんだね。〇〇は本当にすごい子。頑張ってくれてありがとう」。この「ありがとう」を言う前のフレーズを、自分の言葉に置き換えて言ってみてください。

私たちはついつい、「ごめんね」を連発しがちです。とくに愛しい子が旅立ったあとの悲しみには、「ごめんね」の大合唱になってしまうものです。そのように言ってきた方は、最初はしっくりこないかもしれませんが、「ありがとう」で終わる泣き方を続けてみてください。

エネルギーは意識し、意図したほうへ動き、それが積み重なって、私たちが自覚できるまでになります。「ありがとう泣き」をしばらく続けるうち、言い終えたあと、優しく温かい気持ちが湧き上がってくるはずです。かすかな希望の鼓動を感じる方もいます。あなたが優しく温かい気持ちになったとき、あなたが心に希望の灯をともしたとき、あなたの愛しいその子も、間違いなく喜んでいるのです。

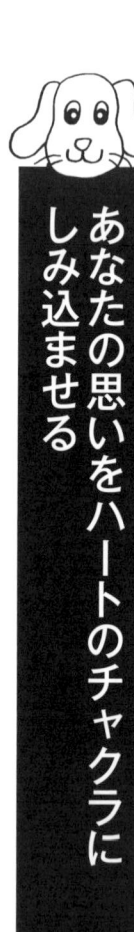

あなたの思いをハートのチャクラにしみ込ませる

この章の最後に、奥の手ともいえる、あなたのハートのチャクラにしみ込む伝え方をご紹介しましょう。人体には7つの大きなエネルギーセンターがあるといわれ、これをチャクラと呼んでいます。チャクラはインドのサンスクリット語で、「車輪」「回転」を意味しています。

エネルギーが出入りする場所と覚えるといいですね。ヨガをやる方は、瞑想図など

チャクラの位置

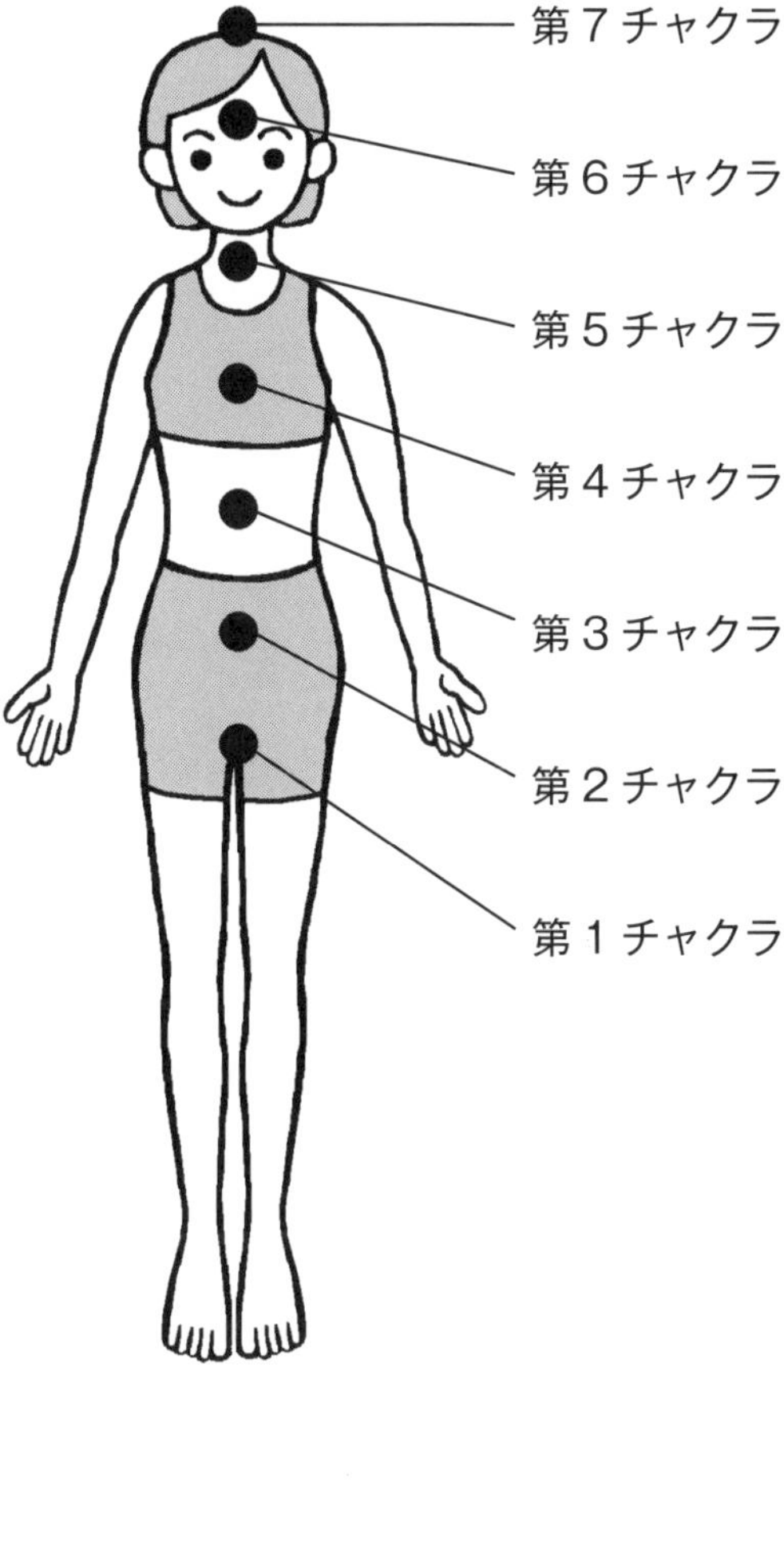
第７チャクラ
第６チャクラ
第５チャクラ
第４チャクラ
第３チャクラ
第２チャクラ
第１チャクラ

でみたことがあるでしょうか。

各チャクラはその振動の周波数に対応した色で表され、7つに分類されています。そして、7つのチャクラの位置は、人体のホルモン腺に対応しています。覚えていて損はありませんので、上から呼び名と場所、各チャクラの色をご説明します。

サハスラーラ（第7チャクラ）…対応するホルモン腺は松果体で、色はバイオレット。
アジナ（第6チャクラ）………対応するホルモン腺は下垂体で、色はロイヤルブルー。
ヴィシュダ（第5チャクラ）……対応するホルモン腺は甲状腺で、色はスカイブルー。
アナハタ（第4チャクラ）………対応するホルモン腺は胸腺で、色はグリーン。
マニピュラ（第3チャクラ）……対応するホルモン腺は膵臓で、色はイエロー。
スワディッシュタナー（第2チャクラ）…対応するホルモン腺は卵巣（男性は精巣）で、色はオレンジ。
ムーラダーラ（第7チャクラ）…対応するホルモン腺は副腎で、色はレッドとなります。

愛のチャクラに愛しいペットへの思いを込める

７つのチャクラの中でハートのチャクラと呼ばれているのは、上から４番目のアナハタで、場所は胸腺になります。胸腺があるのは心臓と肺の間、胸の中央部で、このチャクラの色は、草原のようなグリーンです。このアナハタチャクラは別名、愛のチャクラといわれています。胸腺は思春期で最大になるそうですから、人がこの年齢になると恋をするのも、この胸腺の働きが活発になるからでしょう。確かに、好きな人のことを思うと胸がキュンとするとか、悲しい場面に出くわすと胸が痛むというように、愛に関する感情には、胸という言葉を使いますね。

愛しい子に思いを込めて送るのにも、このチャクラはとても効果を感じられます。ぜひ覚えていただきたいです。

まず最初に、あなたの胸の中央で両手の手のひらを重ねましょう。そして、あなたの愛する子に伝えたいことを唱えます。あなたとその子だけの秘密にしておきたい密やかなことなら、心の中で静かに唱えます。自分への誓いや、その子に宣言したいようなことは声に出して唱えてください。

唱える回数は自分でその子に届いた！と思える回数でよいですが、迷った方は、3回をおすすめします。

1回目は、唱えているこの場に対して
2回目は、愛する子に対して
3回目は、その言葉を唱えた自分に対して

コツは一言ずつ、慈しむように、しみ込ませるように、言葉にあなたの思いの波動をのせて唱えるのです。悲しくて思いっきり泣いたあとの、締めにもおすすめします。

そのときの言葉はやはり、「愛している、愛している。私は○○を、ずっとずっと愛しているよ」。

私は無性にさびしくなったときや落ち込んだとき、2023年の夏に旅立った愛猫ミミにこの言葉を唱えています。彼女は10年も外で生き抜いてきた強い猫で、私と暮らしたのは2年3か月と長くはなかったのですが、その強さと愛情深さで、私を支えてくれた猫でした。

ミミが黄金色の目を細めてシバシバとさせ、私をみつめてくる顔を思い浮かべます。頭をこつんとして尾をからませてきたときの、愛情と優しさが詰まった時間にダイブすることをイメージします。

そして、「ミミちゃん大好き。ミミを、これからもずっと愛している」と、ゆっくり3回唱えるのです。3回で足りなければ、自分の気持ちが落ち着くまで何度でも。

次第に胸のチャクラのあたりが温かくなって優しい気持ちになります。心がすーっと静まって、「私は大丈夫！」と、勇気も湧いてくるのです。

どなたにも効果は絶大ですから、ぜひお試しください。

第２章

悲しみのプロセスを知ろう

自分を守るための否定の時期

明けない夜はないといいますが、愛するペットが旅立った直後、悲しみの中にいる人にとって、この言葉は虚しく響くものです。相談に来る方たちも亡くなった直後の気持ちに対しては、みな言葉にできなくなります。

「あの子が逝ってしまって……」と絞り出すように言ったあと、内なる自分と戦うような表情で耐えています。その表情には、言いたいことはいっぱいあるけれど、共通の言葉にすることができないほど深い、個人的な体験という憂慮がにじみ出ています。

２章では、癒えることはないと感じる悲しみの中で迷子になってしまわないよう、ペットロスの悲しみの段階を、アメリカの精神科医キューブラー・ロス博士が提唱しているプロセスに沿って、みていきましょう。

最初にあなたが仲よくなるのは、否定という状態や感情です。否定と仲よくなどなりたくないものですが、実は自分を守るのに重要な感情といえます。あなたは愛しい子が旅立った直後、感覚が麻痺してしまう、涙も出てこない、ボーっとしてしまうなどの状態になります。そんなふうになるのは、あまりにショックなことが起きたとき、あなた自身を守るために強い否定の感情が発動するからです。

30年前の私の経験から、具体的にどんな感じになるかみていきましょう。私の愛犬マルチーズの小太郎は、小型犬に多い、総合弁閉鎖不全という心臓病でした。小太郎は3年以上の闘病の末、入院させたかかりつけの病院で旅立ちました。心臓だけでなく多臓器不全を起こして入院させていたので、有効な手立てはもうなく、亡くなった日の夕方には自宅に連れ帰る予定でした。

病院からの電話で息を引き取ったことを知り、車で迎えに行ったのですが、道中のことを私はまったく覚えていません。病院に着くと昼休みで、小太郎はいくつかある診察室の診察台の上に、いつも寝ているのと同じ格好で横たわっていました。その姿をみた途端、私はこう思ったのです。

「死んだなんて悪い冗談だ。いつもと同じ感じで寝ているじゃない」。すると、急に感情が戻ってきました。

私はニコニコしながら先生にお礼を言って、両腕を小太郎の上半身と下半身に滑らせ抱き上げました。まだ温かさが残っていたもので、余計、生きているとうれしい気持ちになりました。

ところが抱き上げたとたん、私の腕から、萎れた花のように小太郎の首が力なくたれました。今思うとおかしな話ですが、私はそのとき初めて小太郎の死を知ったのでした。

その場に座り込むと、大きな声を張り上げ泣いたそうですが、全く覚えていません。記憶にあるのは、火葬場でなかなか出棺できなかったときの光景です。自慢だった飾り毛の多い尾が焼却炉に吸い込まれていくのを見送ったとき、目の前に暗幕が下りてきて、私の人生も終わったと思いました。

今こうして振り返っても不思議なことですが、そんな状態なのに、私は普通に勤めに出ていました。今と違って、ペットロスという言葉も知らない時代だったこともあるでしょうが、現実を否定するととても強い力が発動することで、耐えがたい悲しみから自分を守っていたのでしょう。

ただ、身体には顕著な変化が起こっていました。歩いているときもふわふわとしていて、ときどき立ち止まっては足元をみて、地面に足がついているかを確認してしまうのです。自分の身体であって、そうでないような不思議な感じといえばいいでしょうか。まわりの光景も無味乾燥とした世界に感じます。色はみえていましたが、目の前で起こっている出来事が、自分とは遠い世界で起こっている無声映画をみているようでした。

相談にくる飼い主さんもみな、同じような感覚を話してくれます。食べ物の味がしない、自分の半身がもぎ取られたような感覚、看取った直後からの記憶がほとんどない……。

こんなふうに、あなたにも同じような症状が出るかもしれません。でも、心配しないでください。あまりのショックから、自分の身を守る防御反応なのですから。

そんな状態の日々でも、感覚が戻ってくる時間があるはずです。私の場合は、足元に小太郎がいないことを認識する、朝起きた時間がそうでした。ある方は、起きてキッチンに行ったとき、もうあの子の飲む水を変えなくていいと思う瞬間が一番つらいと教えてくれました。愛しいその子がいないことを確認するとき、その子のためにしていたことがもう必要ないと実感するとき、いいようのない悲しみと喪失が襲ってくるのです。

そんなときは1章にあるように、我慢をせず、時間が許す限り泣きましょう。泣いて、あなたの心と身体にある悲しみや痛み、否定の感情を外に放出するのです。

ただこの時期一つだけ、やってはいけないことがあります。

「あの子のいる世界に私も行きたい！」という思いにかられることです。たとえあなたがその子のあとを追って死んでも、ペットがいる同じ領域には行けないことを知ってください。自殺は、強いネガティブな気持ちによるものですから、あなたの身体がなくなって意識体だけになったとき、その強いネガティブ意識だけが残ります。肉体のない意識の世界は、同調できる意識の領域にしか行くことができません。いろいろな意識の人間が同じ次元にいられるのは、この3次元の世界だけなのです。

あなたがどんなに望んでも、まだ生かされている健康な身体の命を自ら絶ってしまったら、どうぶつたちがいる純粋な愛の界層に行くことはできません。「あの子のいる世界に行きたい」という気持ちになったとき、1章で出てきた子たちのように、あなたの愛しい子があなたを心配していることを思い出してください。

もしあなたが先に旅立って、あなたの両親があなたに会いたいからと自殺したら、あなたはうれしいでしょうか？　愛する人には、自分が生きられなかった分も生きてほしい。私はこちらの世界から、いつも見守っていると思いますよね。それと同じで、あなたがその子を失った悲しみを理由にして死ぬのは、あなたの愛しい子を一番悲しませることになってしまいます。

ただしあまりにつらいとき、「このままいったら、私はいずれ死んでしまうかもしれない」という気持ちが湧いてくるのは許してあげましょう。「死ぬのはいつでもできる」。私は当時そんなふうに思いながら、毎日死んだように生きていたものです。

この強い否定の時期は私の経験や飼い主さんの話を総合すると、1～2か月で終わります。新たな感情が湧いてきて、そちらに移っていくからです。

交渉と怒りの時期

交渉の感情とは、「どんなことでもするから、もう1度だけあの子に会わせて」や、「この先大好きなお酒を一生飲まない。だからあの子を、私の元に戻して」と、交換条件を出して、すがる気持ちです。

現実的に無理だとわかっていますが、そう願わずにはいられないのです。この交渉の感情は、ペットの旅立ちから続いている強い否定の感情からくる痛みや重みを、麻《ま》痺《ひ》させる効果があります。

交渉時期がないまま、怒りへ向かう人もいます。

「なぜ、あんなに早く逝ってしまったの?」

「なぜあの子があんな病気になってしまったの?」

「先生があのときもっとよく診てくれれば、まだ一緒にいられたのに」

こんなふうに、最初は、外の世界や他者に気持ちが向かっていきがちですが、時間の経過とともに、怒りは自分に向かって行くことが多くなります。

私の場合はこの自分に対する怒り、「自責の念」が一番強くありました。小太郎と暮らし始めたときの私は、20代前半でしたから、食のバランスや身体によいものなど考えたこともなかったのです。その延長で、食の細い小太郎の好むものばかりを食べさせていました。病院にはまめに通っていたので優良飼い主とみられていましたが、その実、小太郎がちょっと発作を起こせば、私のほうが動揺して体調を崩し、寝込んでいました。小太郎が亡くなったあと、そんな自分のいたらなかった点を拾い集め、「私が小太郎を殺してしまった」と、私は自分を責めていたのです。

この自分の内側に向かって自分を責める気持ちはとても強いものですから、持続的な効果があるといえます。持続して自分に怒っている間は、怒りを通して愛しい子とつながっていると実感できる効果です。なので、怒りを手放すとその子もいなくなってしまうようで、この強い怒り、自責の念はなかなかあなたから離れていきません。あなたが手放せないともいえます。

私の場合は、自責の念と相思相愛になってしまいました。この感情から本当に解放されたのは何年もあとで、インナーチャイルド（癒えないまま持っている子どものころのトラウマ）を知ったときです。

あきらめと優しい落ち込み

インナーチャイルドはこの章の最後に取り上げますので、今はプロセスをみていきましょう。ここまで、否定し、交渉し、怒ってきたあなたは、本当によく頑張ってきました。明けない夜はないといわれても、この悲しみと痛みが生涯続くと思った日から、通常3～4か月ほどで次の感情に移行していきます。

それはあきらめることによる、優しい落ち込みです。あなたがどんなに否定しても、普段なら絶対できない交換条件を出して祈っても、自分を責めて怒っても、愛しいあの子が自分の目の前に、同じ形となって戻ってくることはないと、ある日ふっと思えるようになるのです。

ある飼い主さんは、その経験をこのように話してくれました。

「私は犬の中でもポメラニアンが大好きなのです。でも前の犬の優君が亡くなってから半年くらい、同じ犬種の犬を触ることができなくなりました。

ところがある日習いごとの仲間と外でばったり会って……差し出された感じで、その人のポメラニアンをなでてしまったのです。その瞬間、優をなでたときの感触を思い出して、号泣してしまいました。

でもその日から1か月ほどして、娘が誕生日に犬を欲しいと言ったことをきっかけに、優と同じポメラニアンのマックを迎えることができたのです。それまでの私はかたくなに拒否していたのですが、あの日なでた瞬間に、本当はまた同じ犬種の子を迎えたいという自分の気持ちを、知ることができたのだと思います」

私の場合は、強い自責の念と強力なタッグを組んでいましたから、そんな気持ちの兆しを感じたのは、1年目の小太郎の命日でした。

その日は、夫も私も家にいたくない、仕事もしたくないという気持ちでした。電話が鳴って、小太郎が死んだという知らせを聞いた瞬間を思い出したくなかったのです。そこで休みを取って、普段行かないような高級レストランを予約しました。非日常に身を置けば、小太郎の死を思い出さずにすむと思ったのです。

でもその日はなぜか、朝から私のそんな気持ちに反することばかりが起きました。朝新聞を取りに出たとき、小太郎のことをかわいがってくれた年配の奥さんに、ばったり会ったのです。それまでも何度か顔を合わせて挨拶をすることはありましたが、静かな早朝に、2人だけで顔を合わすことはありませんでした。

奥さんは柔和な顔で微笑みながらこう言いました。「今までずっとお聞きしたいと思っていたのだけれど……小太郎ちゃん、どこか悪いの?」。

私の手元をみつめている奥さんの目線に気づくと、涙があふれてきました。以前は新聞を取ってそのまま小太郎の散歩に行っていたので、奥さんの目線の先には、私の腕にすっぽりとおさまる小太郎がいたのです。

昼前に到着したレストランでも、不思議な出来事は続きました。私たちがレストランに入った途端、店内に流れていた有線音楽が止まりました。しばらく無音だったのですが、接客の店員に椅子を進められ、着席した途端、座るのを待ってでもいたように「ケニーG」の曲が流れてきたのです。１９９０年代に一世を風靡《ふうび》したサックスの曲で、優しい音色に癒されて、小太郎のつらい闘病時期、家で毎日流していたのでした。

朝に続いて涙があふれましたが、泣きながら私の脳裏にこんな思いが湧いてきたのです。「1年前の私もこうして泣いていた。あのときは小太郎がいたけれど、明日からは去年のことを思い出しても、ただ泣いている私がいるだけで、生きている小太郎は出てこない……こんなことをしている私を、小太郎はどう思っているのだろう？」。

人によってきっかけはそれぞれ違いますが、こんなふうに今までの激しい否定や怒りから、モードが変わる瞬間が訪れます。明けないと思った夜は、あなたの中に依然として存在しているかもしれません。でもその夜を無理に明けさせるのではなく、違う朝があると感じる瞬間が、必ずやってくるのです。

受容　Aさんとさくらのケース

ここまで来たあなたを、受容のベールが優しく包んでくれるでしょう。受容は読んだとおり、受け入れて認めることです。許容との違いは、自分の気持ちも行動も、すべて受け入れることです。

Aさんという飼い主さんのケースを例にご説明します。Aさんは桜の名所にもなっている大きな川の土手沿いに住んでいます。ラブラドールの愛犬さくらと一緒に、彼女を迎えた生後3か月から旅立つ1週間前までの13年間、毎朝毎晩、その土手沿いを散歩していました。

さくらが旅立ったあと、Aさんは自分が唯一できることとして、朝の散歩を続けると決めました。最初の否定の時期は、朝誰にも合わない早朝に散歩をしていました。さくらと連れ立って歩き、話しかけ、耐えられなくなったら泣くために、誰にも合わ

ない時間にしたのです。散歩に出るときは、リード、排泄を処理するためのビニールや水、さくらの身体はないですが、彼女が来ていた洋服をポケットに入れて散歩に出ていました。

３か月ほど経ったある日のことです。その日は雨が降っていました。いつものように早朝の散歩に出たAさんは、さくらのレインコートを忘れてしまったことに気づきます。さくらをないがしろにしているような気になって、あわててレインコートを取りに戻ったのでした。

ところがまたしばらくして、いつまでも夏服を持っていることに気がつきました。でもそのときは、取りに行くことはしなかったそうです。「さくらごめんね」と心の中で謝ると、優しいさくらのことだから許してくれるだろうと思えたのです。このころAさんは、一部を条件つきで許せる、許容の時期に入っていたのです。

さくらが旅立ったのは夏前でしたが、いつの間にか季節は移り変わり、冬になっていました。冬は夜明けが遅く、土手は冷たい風が吹き抜けます。Aさんが散歩に出る時間は次第に遅くなり、そうするとかつての散歩仲間に会うようになりました。

散歩仲間はみなさくらが亡くなったことを知っていましたし、Aさんの気持ちもわかっていたので、何も聞かず、以前と同じように迎えてくれたのです。Aさんは次第に、みなの中に混じって散歩へ行くようになりました。

そんな散歩仲間にある日、Aさんはさくらのことを話せたのです。一緒に散歩をしていたシェルティのリッキーという犬がとても食いしん坊で、出されたおやつに食いついて指まで噛みそうになったときでした。

「さくらも負けないくらい食いしん坊なの。今もお供えのおやつに、リッ君みたいに食いついているかも」と、驚くほど自然に話していたのです。そんな自分に、一番驚いたのはAさんだったかもしれません。

そのころから、散歩グッズを忘れても気にしなくなっていったそうです。そして桜のつぼみが膨らみ始めたある日、その日はあえて何も持たずに散歩に出たAさん。散歩をしている間中、心の中でさくらにこう尋ねていました。「さくらのことを、これからもずっと大好きなのは変わらないけれど、いろんなことを忘れてしまうママのこと、あなたはどう思っているかな?」。

何度か問いかけていたら、ふとこんな気持ちが湧いてきたのです。「いろんな物を忘れたりするようにしてくれたのは、本当はさくらかもしれない。ママ、もうそんなにつらい気持ちは手放していいよ！って」。最初は自分がそう思いたいだけかとも感じたそうですが、何度か内なる声を確認するうち、確信に変わりました。

この瞬間が、Ａさんにとって自分の気持ちと行動のすべてを受け入れられた、受容のときだったのです。

あの子を感じられる呼吸と脳波

受容できたあなたは、ゆっくり解放に向かっていきます。そんなあなたに、ホッとする楽しいお話をお届けしましょう。

「愛しいペットの気配を感じたい」「あの子の気持ちを受けとってみたい」そんなふうに誰でも思うものですが、「そんな力は私にはない」「私は霊感がないのでできない」と、あきらめていませんか？　そんな方に、「そもそも、霊感とはなんでしょう？」と聞いてみると、こんな答えが多く返ってきます。

「幽霊が視えるとか、普通の人がわかりえないことを言い当てるとか」。

実はこの回答、本来の霊感の意味とは違うのですといったら、みな驚いてしまいます。

詳しく説明するのは文章だけでは難しく、ワークなどの実践と織り交ぜないと実感できません。なのでここでは省きますが、私たちはテレビやマスコミから流れてくる情報を、食べ物でいえば、自分がおいしいと感じるところだけつまんで、その部分だけで全体をわかったと決めてしまっているものです。

ここでは、誰でも訓練次第で愛しい子の存在を感じることができるようになる、やさしい実践方法をご紹介します。とても大事なことは三つです。

①集中とリラックス

あなたは、集中してと言われたら、どうしますか？　先を読む前に、やってみてください。私が主宰するアニマルコミュニケーション講座の生徒も、集中というと眉間にしわを寄せ、奥歯を噛みしめる人がいます。

あなたは今、そんなふうになっていませんか？　眉間に皺を寄せて奥歯を噛みしめ、頭の一部（たいていはおでこのあたり）に、気持ちを集める。これは、集中ではありません。緊張になってしまっているのです。本当の集中とは、全身の力を抜き、ゆったりすることです。

このイラストのような猫ちゃんが、よいお手本です。額のマークが、1章のチャクラの説明で出てきた第7チャクラのあたりです。ここにあなたの意識を集め、そのあと、ふーっと力を緩めます。肩、額、口元、全身、どこにも力が入っていません。柔らかく目をつむり、半分寝ているのかと思うほどリラックスしていますね。集中とは、こんなふうに1点に意識を集めたら全身を緩め、リラックスすることなのです。

②深い呼吸

深い呼吸をしていますか？と聞かれて、初めて呼吸のことを意識した人も多いのではないでしょうか？　私たち現代人は、誰もがスマホやパソコンを前屈みになって操作し、胸でする、浅い胸式呼吸しかしていません。

自立神経という名前は、多くの人が聞いたことがあるでしょう。自律神経には交感神経と副交感神経という2種類の神経があります。交感神経はスポーツ観戦などで興奮しているとき優位になり、副交感神経はリラックスしているとき優位になります。

ここでは副交感神経が優位になるよう、全身の力を抜き、リラックスした深い呼吸をしてみてください。呼吸をするとき、「1、2、3、4」と数えながら、可能な限り最大吐ききります。次に、また同じように数えて、胸いっぱいに吸い込みます。

③アルファ波の脳波

脳神経外科医の覚大和尚に確認してまとめたのが、次ページの表です。私たちの脳波は大きく分けて4種類あるといわれています。仕事などで忙しく、思考、判断している状態はベータ波が出ています。身体の力を抜いてリラックスし、深い呼吸を続けているうち脳もリラックスし、アルファ波という波長を出します。

これは、眠りに落ちそうなとき、あるいは目覚めて、まだぼんやりしているときも同じ波長になります。温泉に入って、フーッと身を投げ出したときも同じです。共通するのは、なにも考えていない、ぼんやりとした心地よい状態ということです。

この説明をすると、多くの飼い主さんは身を乗り出してきます。「目が覚めたとき、あの子が枕元にいる気がした」「羽毛布団の上に、あの子の足の重さを感じた」「リビングのソファーでくつろいでうとうとしているとき、一瞬、あの子の姿がよぎった」……など。「今まで気のせいと思っていたけれど、あの子が、私（僕）はいるよというサインを出していたのですね！」と話す飼い主さんの目は、みな輝いているのでした。

脳波	周波数（Hz）	特　徴
β《ベータ》波	14Hz 以上	考えごとや心配事をしている状態。思考が優位になった脳波。
α《アルファ》波	8〜14Hz	瞑想状態など、思考を止め、一つのことに集中している意識。脳はパワフルに働き、創造力や直感もさえる脳波
θ《シータ》波	4〜8Hz	完全にリラックスした、寝入りばなのような状態の脳波。
δ《デルタ》波	0.4〜4Hz	熟睡して脳の活動は停止状態の脳波。

愛しい子の存在を感じられるとき

かくいう私も命日を過ぎたある日の夜、小太郎がフローリングを歩く音を聞いたことがあるのです。その日夫は出張で不在でした。私は1人湯船に浸かり、ぼんやりとしていました。ぼんやりした頭の中に浮かんでいたのは、命日に起きた偶然とは思えない不思議な出来事でした。

なぜ、命日の朝、小太郎をかわいがってくれた奥さんに会い、小太郎のことを聞かれたのか？　ホテルで席に着くなり、小太郎のテーマ曲ともいえる音楽が流れてきたのは、偶然なのだろうか？

もうそのころには思い出してすぐに泣いてしまうことはなかったので、私はなぜ？と、考えるともなく考えながら、いつの間にか眠くなってしまったのです。思考が止まり、リラックスし、呼吸はゆったり深く、脳波はまさにアルファ波になって、条件

がそろったのでしょう。

突然私の耳に、上階にあるリビングを歩く小太郎の爪の音が聞こえてきました。気のせいなどというやんわりした音ではなく、「チャチャチャチャ」というフローリングの床を歩く爪音が、はっきりと響いているのです。しかも歩くリズムは、生前の小太郎そのものでした。その当時の私は、多くの方と同じように空耳か、気のせいと思っていたので、またつらくなり、バスタブの湯に顔をつけて泣いたものです。

でも、泣かなくてもよかったのです。深い呼吸をしてリラックスし、思考が完全に止まったとき、直感が発動し、思念の世界とつながる準備が整ったのです。そのまま拒否をせず、自分を開いていると、心に浮かべている相手の思念や感情を脳が受け取ります。小太郎の場合だと私の聴覚、耳になりますが、五感を通してその子の思いが伝わってきたのでした。

実際、アニマルコミュニケーションもまったく同じ工程でリーディングの準備に入ります。あなたも、愛しい子を感じられるよう、ぜひ試してみてください。

慣れないうちは、できないこともあるでしょうが、焦らないこと、受け取ろう、受け取らなきゃという気持ちを持たないことがコツです。常識に縛られてしまう方、論理的、左脳的思考が強い方は、最初苦戦することが多いですが、講座の生徒さんで、全くできなかった人は1人もいません。

私に関していえば、「私は霊感がないのでできない」と、40代半ばになるまでかたく信じていました。また、普段霊が視える、何か聞こえるということもありません。

でも、もう10年以上アニマルコミュニケーターを続けています。愛する小太郎と直接コンタクトをとったのも、没後26年も経ってからでした。26年経って再会した小太郎は、クルミボタンのような瞳、冷たい鼻、私のふくらはぎを前足で引っかいて抱っこをせがむさま、そのすべてが手を伸ばせば触れられるような確かさがあり、ともに暮らしていたころの小太郎そのものでした。

あなたも、どうぞ安心してください。あなたの愛が続く限り、あなたの愛する子との絆が途切れることはないのです。

インナーチャイルドを癒そう

自分の心の奥底に癒えない傷があると知ったのは、小太郎の死から15年も経って、アニマルコミュニケーションを習いに行った学校の授業内です。講師は現役の獣医師で、日本初の本格的なアニマルコミュニケーター養成学校でした。

その日は「インナーチャイルドを癒す」というテーマの授業で、教室前方のボードにも、大きくそう書いてありました。インナーチャイルドを直訳すると、「内なる子ども」となります。

幼少期、親から十分愛されなかったり、心的身体的トラウマの経験が元になったりして、大人になっても癒えずに抱えている心の傷のことです。思春期に友だちや異性とうまく交流を持てなかった負の経験なども同じです。

当時の私は、小太郎になんてひどいことをしてしまったのだろうという思いを、依然として心の奥に持っていましたが、なぜそう感じて自分を責めてしまうのか、全くわかっていませんでした。そして普段はそんな自分の心の傷を意識することもなかったので、インナーチャイルドは関係ないと思っていたのです。

授業の冒頭、先生はインナーチャイルドという言葉は出さず、私たちにこう尋ねました。「みなさん、自分のことが好きですか?」。あなたは、今こう聞かれてすぐに答えられますか?

当時その場に50名ほどいた生徒の中で、即座に「ハイ!」といえたのは、わずか2~3名でした。「私は自分の細かすぎるところがいやで、それがなかったら、まあまあ好きです」「うちの子のことは大好きですが、自分のことはそんなふうに考えたことがなくて……今考えてみたら、あまり好きじゃないかもしれません」「私は兄に比べて勉強ができなくて、親からぼんやりしすぎていると言われていました。褒められた記憶もないので……」

先生に指名された人はみな、条件つきで自分が好き、自分のここが嫌いと話しました。私は聞かれたら困ると内心ドキドキしていたものです。それまで考えたこともなかったのですが、自分で自分を好き！とは、いえなかったからです。

誰かが発言するたび先生は首を大きく振り、「もう一度聞きますよ。あなたは自分のことが好きですか？」と、尋ねてくるのです。やがて先生はこう言いました。「みなさん、どんな自分でも無条件に自分が好き！といえるようになってください。それがよいアニマルコミュニケーターになる基本ですよ」

ぽかんとしている私たちに背を向けると、「自分でいくつあてはまるか○をつけなさい」と言いながら、先生はボードに書き始めました。

①ささいなことで感情が大きく揺れてしまう。たとえば、テレビで流れる悲惨な映像をみただけで、正視できなくなってしまうくらいに。

②自分に対する自己評価が低い。自分に自信が持てず、常に他人や自分をジャッジしてしまう。

③他人から評価されたい気持ちが強くある。この気持ちが強いと、何をするときも他人の目を気にすることにつながる。

④完璧主義。失敗を怖れ、常に完璧を求めてしまう。

⑤依存的な行動が多い。他人に頼りすぎる。自分の意見を持つこと、自分の意見に沿って行動することを避ける。

全部で10項目くらいあったと思いますが、覚えているのはこの5項目です。5項目のあとを覚えていないのは、⑤以外はすべてあてはまっていることに自分でも驚いてしまい、ボーっとなっていたからです。

自分の心の井戸に垂直に下りてみよう

インナーチャイルドの授業は、自分の心に初めて垂直に意識を下ろした、驚きの体験でした。心の井戸がこんなに深く、いろんな感情が詰まっているとは思っていなかったので、私は最初怖くなって放置していました。

でも最愛の小太郎に関係することだったので、次第に勇気が出て、心の井戸に溜まった古い感情の大掃除に乗り出したのです。大掃除に乗り出したなど威勢のいいことを書きましたが、小太郎の死後、私が自分を強く責める元となった幼少期の体験にたどり着いたのは、それからまた何年も経ち、グループセッションをしているときでした。

幼少期の私は喉が弱く、小学校に上がる前に扁桃腺肥大の手術を受けることになりました。当時の外科の手術室は金属製の膿盆があり、動かないようかたい椅子に固定されて、局所麻酔で手術を受けるというものでした。どんな子どもも怖がるような雰囲気の部屋と物々しい器具でしたから、通常は背後に親が座って子どもを抱きかかえ、手術をするそうです。ところが、私の母は血をみるのが怖いという理由で付き添ってはくれませんでした。６歳だった私は泣いて母を呼びながら、引きずられるように手術室へ連れていかれたものです。

この古い記憶にたどり着いたとき、長いこと自分を許せなかった謎が、ようやく解けたのでした。私は小太郎の最期に付き添って守り、安心させてあげたかったのです。

でも実際は母と同じように自分のほうが体調を崩してしまい、もうなす術がないと言われた小太郎を、病院に預けてしまいました。自分がされて最も悲しかったことを、最愛の小太郎にしてしまった。そんな自分が許せなくて、ずっと自分を責めていたのです。

相手を許せて自分も許せるようになる

もしあなたが私のように、いつまでも消えない負の感情を抱えていたら、専門家に相談することをおすすめします。今は、ネットで検索すればさまざまな形で気軽に相談できるところがたくさんあります。

そして原因がわかったときは、「おめでとう!!」と、自分にいってあげてください。今まで長いこと日の目を浴びなかった感情に充分光をあててあげましょう。傷があると認めることで、あなたの心の傷は、間違いなく消えていきます。

それから、あなたの親や友だちなど、原因をつくった人のことを許してあげてください。「自分にそんなことをした人を許すなんてできない！」と、最初は思うかもしれません。でもあなたは、その相手のためにではなく、自分のためにその人を許すのです。なぜなら、他人を許さない人は、自分を許すことができないからです。これからは、なんの制約もなく、無条件であなたは自分を愛して認められるようになっていきます。

無条件で愛する。この言葉を聞いて、あなたは心に誰を思い浮かべますか？　あなたの最愛のペットではないでしょうか？

あなたの愛する子があなたに向けてくれた気持ちであり、あなたとその愛しい子との間に築いてきた関係そのものですね。あなたの愛するペットはなんて絶大な力を持っているのでしょう。こんな深い心の場所まであなたを連れてきて、ずっと抱えていた心の奥の傷をも癒し、解放してくれるのですから。

悲しみを癒すプロセス

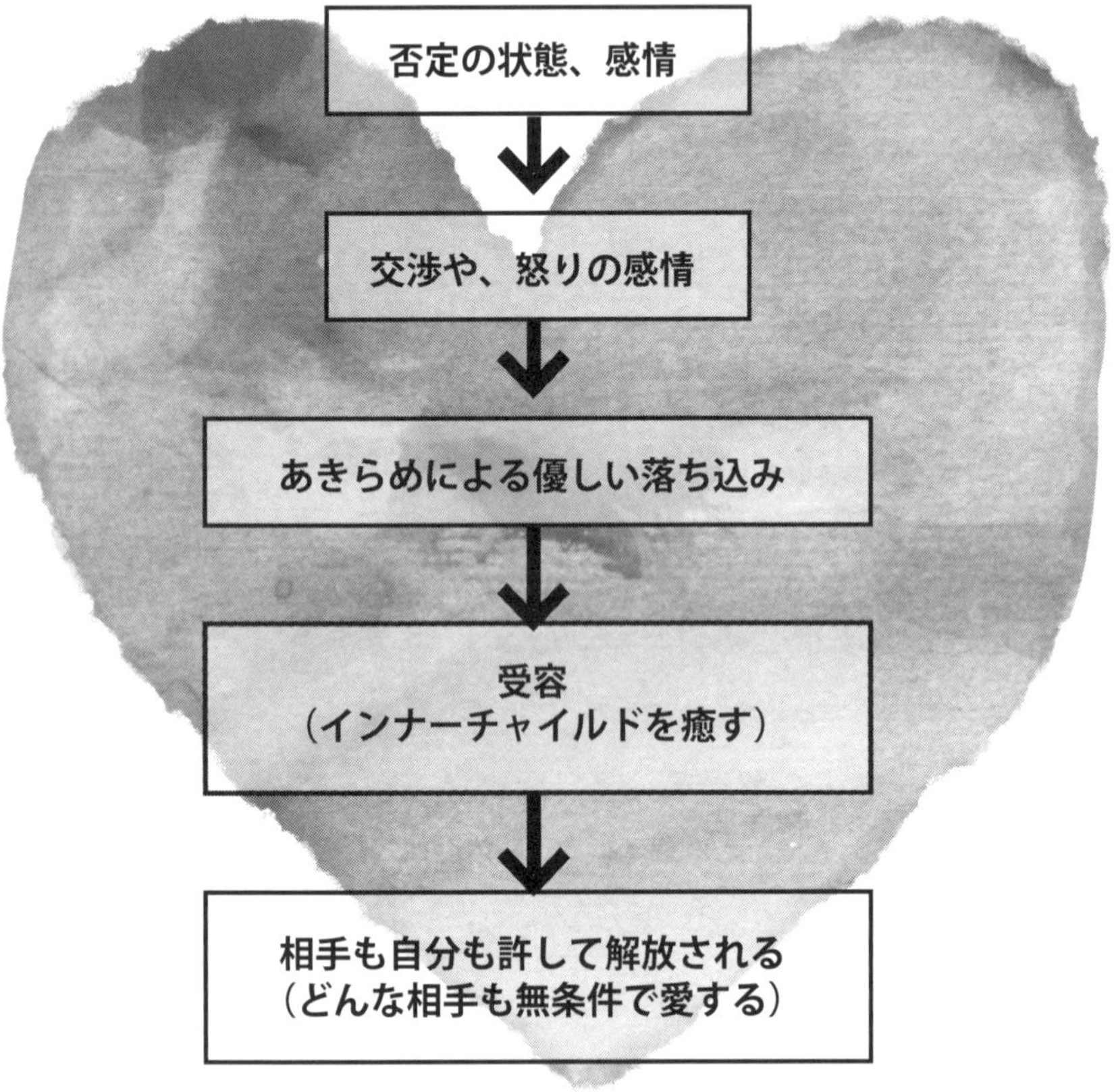
否定の状態、感情
交渉や、怒りの感情
あきらめによる優しい落ち込み
受容
（インナーチャイルドを癒す）
相手も自分も許して解放される
（どんな相手も無条件で愛する）

第３章

終末期を看取る獣医師の本音

獣医師からみたペットの死

2章では、飼い主さんがワンちゃんやネコちゃんなど、ペットと死別したあとにやってくる「ペットロス」のプロセスについてみてきました。ペットの診療にあたり、飼い主さんとともに愛するペットを看取る獣医師は、このペットロスの悲しみに対してどう寄り添っているのでしょうか。3章では、獣医師の側からみたペットの死、死を目前にしたペット治療のあり方などについてみていきたいと思います。

よく「ペットは家族」といいますが、もの言わぬまでも、飼い主の気持ちをくみ取るところもあり、突き詰めていくと、単なる「家族」ともまた違った関係性を持っているのではと考えてしまいます。それにしても、ペットが亡くなることが、身内の死より悲しくなることがあるのはなぜなのでしょうか。

一つには、ペットの存在が我が子と同じように、守るべき存在であることと関係しています。かける愛情が我が子と同等かそれ以上に、とても大きくなるからです。

また、人間とは異なり、飼い主に対し、無償の愛を示してくれることとも関係していると思います。ペットには、人間界のようなへたな打算や下心もありません。

こうしていつの間にか、より身近で、かけがえのない存在となり、ともに過ごす時間も長く、濃厚なものとなっています。この愛情を注いできたペットが亡くなってしまったら、心にぽっかりと穴が空いてしまうのは当然ですね。仕方のないことでは済まされない大問題となってしまいます。

ペットたちの輪廻転生

ところで、ペットが亡くなるとどうなるのでしょうか。仏教の世界では、人間には

「輪廻転生《りんねてんしょう》」があるといわれています。人は何度も生死を繰り返し、新しい生命に生まれ変わります。そして生前、自らの煩悩に気づき、解脱《げだつ》（現世の苦悩や迷いから解放されること）できれば仏の世界に行けるのですが、解脱できないと六道《ろくどう》、よくいわれる地獄や餓鬼など人間界も含む六つの世界を、車輪の回転のようにぐるぐる生まれ変わり続けることがそれです。

では、ペットにもこうした輪廻転生はあるのでしょうか？　ペットに寄り添う名獣医師のお二人に本音をうかがってみました。

「結論からすると、個人的にはあると思います」と、ペットのかかりつけ医として、飼い主さんから絶大な信頼を得ている蓮岡動物病院（大阪府東大阪市）の蓮岡元一院長は明言されました。蓮岡さんは、ＮＨＫの番組「プロフェッショナル　仕事の流儀」にも出演した経験をお持ちの著名な獣医師です。

蓮岡さんは、証明するエビデンス（証拠）こそないとしながらも、「御霊《みたま》に位《くらい》があるとすれば、どんどん上昇すると思います。個人的には、ペットは輪廻転生し、（位が）上昇していくと思うのです」といいます。

ここで、蓮岡さんが「上昇」という言葉に込めた意味とはなんでしょうか。ペットは人間と違い、煩悩を持つことがないといいます。そのため、人間のように現世で抱いた煩悩の大きさによって、地獄へ行ったり、人間の世界に再び戻ったりするようなことがない――。そんな意味から、「上昇する」という言葉を使っているとのことです。

ペットの輪廻転生を信じる獣医師は、ほかにもいます。往診を専門とするベル動物病院（東京都新宿区）の鈴木玲子院長もその1人です。

鈴木さんはご自分で運転して、朝から夜半まで東京、神奈川を走り回っています。そしてほかの獣医師が見放した重症疾患のペット、飼い主さんの一番つらい終末期の時期を専門に診ています。私はその現場を何度もつぶさにみてきました。

「もちろん、私は輪廻転生の世界は知らないし、わかりません。けれども、あると信じたいです。それを信じることで、獣医師としての私も、飼い主さんも、みんなが救われるのではないかと思っています」。

安楽死をどう捉えるか？

日常の診療では、命が尽き、死が目前に迫ってくる状況は、人間でもペットでも当然のことながら起こりえます。なんらかの病気を持っていた場合、もしかしたらさらに苦痛を伴うかもしれません。どこまで治療して延命し続けるのか、あるいは薬剤を投与して自らペットの死を選択するのか。

どうやら獣医師の立場からすると、この「安楽死」には否定的な考えが多いようにみえます。たとえば、蓮岡さんはこう考えます。

「安楽死（の処置）はしません。お願いされても断ります。なぜかといえば獣医師がさじを投げたペットが助かったり、小康状態になって元気になったりしたことがあったからです。

そして、安楽死を選ぶべきかどうかは即断できません。もちろん、自発呼吸のあるうちは治療をします。

ただ、救命処置として気管内にチューブを入れて人工呼吸を実施しますが、何日も何十日も意識が戻らない動物に対して、延命させるようなことには否定的です。その判断は飼い主さんの納得が得られるまで待つことです」。

やはり、鈴木さんも同じような意見でした。安楽死という選択肢は基本、「ない」といっています。ただし、治療をやりきり、それでもペットが苦しんでいる場合は、その限りではないともいいます。

実際、鈴木さんは過去に、口の中に腫瘍（がん）ができて、ご飯を食べられずに吐いてしまう、リンパ腺にがんができて苦しく悲鳴を上げてしまうといったワンちゃんについて、飼い主さんから「楽にしてあげてほしい」と懇願されたため、穏やかな死を迎えるための選択肢の一つとして安楽死を施したことがあると振り返ります。

その際、重要になるのが、十分な説明に基づく同意、いわゆる「インフォームドコンセント」であることは間違いないでしょう。これがうまくいかなかった場合、今度は飼い主さんが自分を責めてしまい、ペットロスに陥る危険性すらありますと、鈴木さんは凜《りん》としていいます。

ペットの終末期医療の難しさがここに表れています。そこでこそ、獣医師と飼い主さんとの間のコミュニケーションがとても重要になってくるわけです。

鈴木さんはさらに続けます。「終末期医療とか、慢性疾患のときに、治療の選択肢をどうやって提供するかだと思います。あらゆる治療の選択肢、私ができない治療だとしても、こういう治療が世の中にはまだあることを全部飼い主さんに伝えて、飼い主さんと一緒に選択肢を選んでいく。飼い主さんが納得して、治療を施していく。それこそがコミュニケーションだと思うのです」。

ペットが亡くなり、最後まで最善が尽くせたか、ほかに手段はなかったのかと、飼い主さんに後悔が残るケースはゼロではないかもしれません。鈴木さんはこのように考えています。

「飼い主さんが納得して治療をすれば、後悔は極力少ないでしょうし、ある意味、治療を施しきったという達成感が得られれば、ペットロスの感情は減るはずです」。

このコミュニケーションのあり方を巡っては、とくに細心の注意を払っているようです。鈴木さんはこうもいいます。

「独りよがりなことは絶対にしません。飼い主さんが何をこの子（ペット）にしてあげたいのか。どういうふうになってほしいのか。その思いを聞いて、いくら私がいいと思っても、飼い主さんが納得しなければ、たぶんその治療は成立しないでしょう。だからこそ、飼い主さんの思いは全部聞きます。時間がどれだけかかっても、飼い主さんから聞き出しますし、ペットの様子も聞きます」。

インターネットが発達し、真偽の不明な情報も氾濫《はんらん》している現代社会において、飼い主さんもいろんな情報を得ることが可能です。鈴木さんは「私はこういう理由からこう思うんだと。だから、あなたはどれを選びたいのかという聞き方をしています」と話してくれました。あくまで、飼い主側に寄り添う姿勢こそが大事なようです。

これは、治療に限りません。蓮岡さんはこういいます。「飼い主さんと話を続けて、言葉と、言葉に出てこない気持ちまで、全部受け入れようと。そうです。全部受け入れる体制で臨んでいるのです」。こうした飼い主さんへの徹底したフォローが、ペットロスへと陥るのを防いでくれるのかもしれません。

ところで治療を通じてペットと触れ合うことで、獣医師はペットから何か感じ取れるものがあるのでしょうか。

蓮岡さんは「視えない世界の代弁者」という言葉を使ってこう説明します。

「エネルギーという言い方はおかしいですが、診察室に入ってきた状況をみながら、診察台の上にあげてワンちゃんと触れ合いながら、こうかなあ、ああかなあ、と考えながら、検査データと突き合わせる。そうこうしていると、ああ、何か食べて悪くなったのかなあとか、感じるときがあるんです」。

「不思議な世界ですが。みえている世界のほうが、キャパが小さいのではないかと。私たち人間は、目にみえない世界の代弁者だと思うんです」。

延命治療は必要か？

そして、いよいよペットの死が目の前に迫ってきたとします。人間の場合、医師は気管内挿管をするなどして、最後の最後まで延命させようと努力しがちです。医学教育を通じてそのように育てられてもいます。そこまでしなければ医学の敗北とまでいわれることがあります。はたしてペットの世界も同じなのでしょうか。

獣医師の2人は、どうやら無理な延命治療には否定的なようです。

鈴木さんは、カギは「食欲」にあるといいます。「動物が生きようとしているか、生きようとしていないか。判断はその動物に食欲があるかどうかで、ある程度判断します。動物は本来、本能として食べる元気があって、食べられれば生きたいと思っていると私は解釈します。言葉で犬としゃべったり、ペットとしゃべったりすることができないので、そこではある程度、私が獣医師として自らの責任で判断します。もうこれ以上生きる力がなくなった段階で、ペットは食欲をなくしていくのだと思っています」。

「さきほどお話しした、口の中にがんができたワンちゃんのケースは別です。食べたくても食べられない。どんな手段を与えても、自分からがんとして食べない。食べづらいだけで、こちらが配慮して食べてくれるのなら、私は食べたいのだと判断します」。

「いろいろ配慮して、それでももういいという場合は、ペットが生きることをもう拒絶して、やすらかな、そして穏やかな最期を過ごしたいのか考えます。胃瘻《いろう》は、無理やり栄養を入れることになるので。治る病気で、一時的に食べられないのであればそうしますが、そうでないのであれば、胃瘻のような治療はしません」。


蓮岡さんも、鈴木さんの考えと近いようです。「延命という概念はありません。自発呼吸している間は」と。

ペットたちの死生観

いよいよ死が避けられない状況になったとき、はたしてペットは死を意識し、それに恐怖するものなのでしょうか。蓮岡さんはこういいます。

「たくさんの飼い主さんに聞いたのですが、だいたい半分以上でしょうか。ペットが死に対して怖がっていると、（飼い主さんは）『敏感に感じる』のだそうです」。

さらに、「ペットに語りかける気持ちは常に持っています。もちろん、その思いはペットにも届いているはずです」。鈴木さんは、「ペットたちは死については怖がってはいないように思います。少なくとも飼い主さんに、ありがとう、先に行くよと、いっているような気がします。飼い主さん次第なのかもしれません」と。

いくたびもペットを看取ってきた獣医師たちの間でも　臨終におけるペットの気持ちについては、意見の分かれるところのようです。最後に蓮岡さんは、興味深い図をみせてくださいました（下図）。

　この図は蓮岡さんが臨床医になったときから、首尾一貫してぶれないペットと人の違いを物語っている図だそうです。両者のもっとも大きな違いは、ペット（動物）には人にある理性と顕在意識がないことのようです。潜在意識については人もペット（動物）も質量は同等であると考えています。

　ペットは本能に正直な感性を持ち、人は大脳の前頭葉の働きで感情などの感覚と理性が前面に現れる可能性があります。人のペットロスの悲しみもこの辺から生じているのかもしれません。ペットの心に直接つながるアニマルコミュニケーションでは、どのように感じとっているか、読み進めてみましょう。

人間と動物の意識の違い

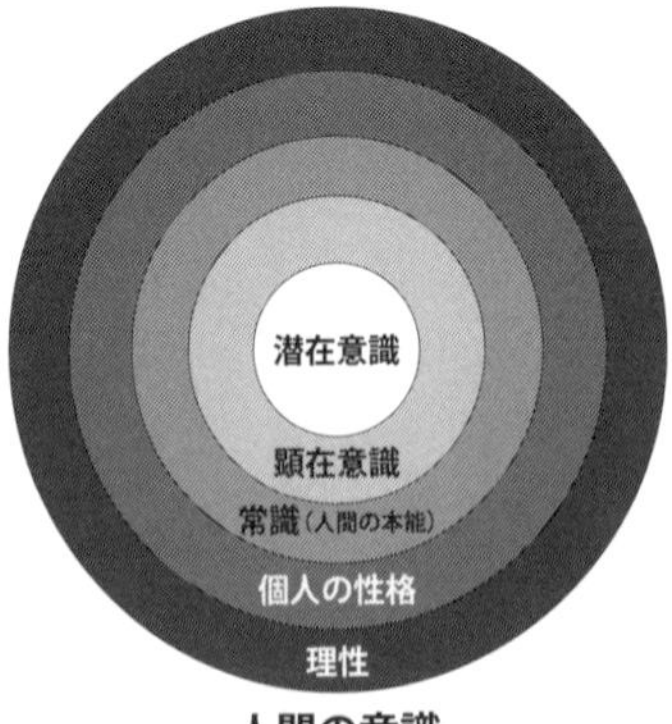

人間の意識

動物の意識

第４章

ペットたちは死ぬことをどう思っているのか？

自分のタイミングで逝くことが一番の幸せ

前半は愛するペットの死に直面した私たちの悲しみや喪失感にスポットを当ててきました。この章では、旅立つペット自身が、死や死にゆくことをどんなふうに感じているかに、目を向けていきます。

私たち人間と考え方の違いがよくわかる実例4つを、詳しくご紹介しながら考えていきましょう。テーマは「逝くタイミング」、「老いた子の闘病と延命」、「ペットにとって一番悲しいこと」、「安楽死について」です。

あなたはキンカチョウという鳥を知っていますか？　インドネシアの森林が原産で、オレンジ色の口ばしが鮮やかなスズメくらいの小さな鳥です。珍しい部類の鳥ですから、姿が浮かばない方もいるでしょう。ところが、相談者Mさんのキンちゃんは、近所の小さなホームセンターで売られていたのです。しかも、同じケージ内に、いろんな鳥が詰め込まれていました。

当時M家にいたのは、ネザーランドワーフという種類のうさぎコロンでした。鳥と暮らしたことがなかったのですが、Mさんはみるにみかねて、キンちゃんを連れ帰ってきました。そのときすでにキンちゃんは成鳥で、右目はつぶれていたのです。

Mさんがそのような気持ちになったのは、キンちゃんの目が、鳥たちのストレスからくるしわ寄せと感じたからです。M家に来るまでどんなふうに過ごしてきたのかは、彼の態度をみても明らかでした。Mさんをはじめ家族になつかず、何年かは家庭内野鳥のように過ごしていたのです。

その当時のことをキンちゃん自身、こう話してくれています。「全然心の交流を持てない僕を家族にしてくれただけでなく、無理にならそうとしたりしないで、見守ってくれたんだ。だから僕は、心の底から感謝している」。

コロンと隣同士のケージだったキンちゃんは、先にコロンと仲よくなり、そこから家族と心通わせるようになっていきました。朝、ケージにかぶせた布を取ってあげると、コロンとキンちゃんはすでに起きていて話を中断されたという雰囲気になることが頻繁にあったそうです。

キンカチョウは本来よく鳴く鳥とのこと。このころになるとキンちゃんも、威勢よく「ピーピープープー」とおしゃべりをし始めました。日に何度かあるおしゃべりタイムに家族は癒され、楽しむようになりました。

キンちゃん自身もそのことがうれしく、「キンちゃんのトークショー」と、誇らしげに教えてくれたものです。小鳥は幼いうちに人の手に慣らさないと手乗りにはならないことから、キンちゃんは終生手乗りにはなりませんでしたが、にぎやかなトークショーで家族を癒して楽しませ、専用の水浴び場で豪快な水しぶきをあげ、コロンという相棒もいて、9年もの間幸せに暮らしてきたのです。

どんなに大事にされていたかは、申込み時に添付されたキンちゃんのたくさんの写真からもよくわかりました。写真はすべて開いている目の左側から撮ったもので、つぶれた右目が写った写真は1枚もありませんでした。

そんなふうに愛情をかけていたからこそ、キンちゃんに最期まで寄り添いたいと思っていたMさん一家。それでも、悔やまれることが一つだけあるというのです。

旅立った日は平日で、Mさんは仕事でした。

巣穴にいるキンちゃんはいつも、顔を人のほうへ向けた格好で巣の中に入っているそうです。亡くなった日の朝、ケージの布を取った際、頭を奥にして、入り口にお尻を向けてしまっていたのです。

家にいる両親が「キンちゃん」と呼びかけて、そばに付き添っていることを知らせると、キンちゃんは目をつむったまま、両親のほうに頭を向けたそうです。それでまだ大丈夫かと思い、少しの時間家の用事をすませて戻ってみると、キンちゃんは息を引き取っていたのです。こんなことになるなら、ずっとそばに着いていればよかった。キンちゃんは家族に見守られることなく、さびしく1人で逝ってしまったと、Mさん一家は後悔しているのです。

そのときのことをキンちゃんに尋ねたところ、Mさん一家の悲しみのトーンとは違う波動を感じたので、私はおやっと思ったものです。

「朝、布を取ってくれたときに、キンが冷たくなっていたというのはみんなが悲しむから、キンは朝まで頑張ったよ。前の日はお姉ちゃんに会えてお別れをしたし、朝はお母さんたちに挨拶できた。だから、それでもうすごく満足したんだ」

「そうでしたか……でも、ちょっと目を離した時間に、キンちゃんを1人で逝かせてしまったと聞いていてます。さびしくなかったかな？」

するとキンちゃんは、私たちが思いもつかないことをいってきたのです。「うん、僕たちのように人と暮らした歴史が浅い生き物は、最期は1人が安心するんだ。最期が近くなると、本能が出てくるから。自然で暮らしていたころの気持ちのことだよ。だから、敵に襲われない、まわりが囲まれた狭い場所にこもって、自分のタイミングで逝かせてもらうことが一番の幸せなんだよ。僕は1人さびしく逝ったのではないよ。最期まで、僕のスタイルを尊重してくれてありがとうと、伝えて」

キンちゃんが教えてくれた逝き方は、外での暮らしが長かったあとで、家庭に入った猫や、野犬として育って警戒心の強い犬にも、あてはまる逝き方です。誰かに襲われることがないという安心の中、自分のタイミングで逝くことは、彼らにとって何より幸せなことなのです。

古くてボロボロになった重いコートを、ママはいつまでも着ている？

飼い主さんにとって、完治することはない慢性疾患の子の看病をするのは、とてもつらいものです。希望と絶望、迷いと確信の間を行ったり来たり、一日の中で、何度も一喜一憂してしまうのですから。最愛の子が高齢の場合は特に、その子にとってどこまでが必要で、どこまでが延命治療になるのか、自問自答の日々でもあります。

19歳になるチンチラシルバーのマリと暮らすSさんも、そんなつらさから私に相談してきました。猫は高齢になると、程度の差こそあれ、多くの子が腎臓を病むといわれています。腎臓は再生のきかない臓器なので、残った力を温存しながら暮らしていくことになります。

「少し前までは自分でご飯を食べてくれたのですが、腎臓の値が悪くなったここ1か月ほどは、まったく食べません。朝、昼、晩の強制給仕があの子の命をつなぐ、すべてです」話し終わったSさんは、大きなため息をつきました。「液体の栄養食をシリンジに分けて入れ、口の横からマリに飲ませているのですが……最初は抵抗なく飲んでくれたのに、だんだんいやがるようになって。何日か前には、私に向かって、「シャー」と怒ったのです。19年一緒に暮らして、私にそんなことをいうなんて、初めて。ショックでたまりませんでした。ええ、マリも強制給仕が相当いやだということはわかっています。でも、強制給仕をしなければ、マリは死んでしまいます。私とマリのことを知らない人は、『もう19年も生きたのだから大往生じゃない』と言いますが、飼い主にしたら、何歳だからもういいってことはないですよね?」

Sさんの言うことは、ペットを家族と思って暮らす人なら、誰もがわかる気持ちでしょう。

私は彼女の愛猫マリに、Sさんの思いを具体的にイメージして丁寧に伝えました。マリは、貴婦人のドレスのような白くて長い毛がよく映える、ピンクのベッドに身を横たえていました。言い終わるまで、思慮深さをにじませた表情で聞いてくれましたが、やがて静かに口を開きました。

「ママのことが私も大好きって伝えて。それから、ママが私といつまでも一緒にいたい気持ちも、わかっていると伝えて。そのあとに、おしゃれなママならわかると思うから、こう聞いてほしいの。ママは、流行遅れになってしかも重くてサイズも合わなくなった古いコートを、ずっと着ているかしら？」

古いコートというのは、マリの肉体のことではないかと感じましたが、確認してみました。「あなたのいうコートとは、つまりその、今の老いて病んだ身体のことかしら？」

マリはちらっとこちらをみやると、「そうよ（あなた察しがいいじゃない）」といってすくっと立ち上がり、ファッションモデルが着ていた衣装を着替えるときのように、パーンと毛皮の白いコートを脱ぎ捨てる映像を送ってくれたのです。

「ああ～さっぱりした！！　軽やかよ」そう話すマリは、Ｓさんが添付してくれた写真の白い貴婦人ではなく、しぼんで白い毛が変色してしまった現在のマリの姿になっていました。この状態の身体をただ維持するのは、本当につらいことだと伝わってきましたが、不思議なのはマリから死にゆく怖れがまったく伝わってこないことでした。

私のそんな気持ちにマリは気づいたのでしょう。

「古くなった洋服を脱ぐだけで、私自身がいなくなってしまうわけじゃない。死ぬのは、単に移動して、元いた世界に還って行くってことでしょう。そんなことは、(どうぶつなら)みんな、なんとなくわかっているものよ」

その後マリは、Sさんがどうしたらわかってくれるかを、私に考えてほしいといってきたのです。そこで私はこんな提案をしました。

「愛する子の死が近いこと、本当は誰より飼い主さんが一番感じていると思うの。でもだからこそ、少しでも一緒にいたいと思うし、愛する子に何もしてあげられない、黙ってみているしかないというのがつらいの。だからママは、強制給仕をやめられないのだと思うわ」。

するとマリは、合点がいったという顔になりました。「ママに、あの無理やり飲む液の回数を少しずつ減らしてほしいって伝えて。今は、朝も昼も夜も、10回も流し込まれて逆に吐きそうなときもあるから。それを減らす代わりに、先生の診察や夜にママのブラッシングをお願いしたい」

Sさんに、先生の診察というものを確認したところ、少し前まで中医学の獣医師にお灸をしに来てもらっていたというのです。マリの負担ではないかと思って休んでいたそうなので、早速再開すると言いました。強制給仕の量を減らしていくことも、マリの意思ならと承諾してくれたのです。

マリはその日から15日後、仕事をしているSさんの横でとても静かに旅立ちました。

「前田さん、マリが自分でいったように、本当にただ居場所を移動したという穏やかさでした。ただ、息をするのをやめたという感じだったのです。あんな最期を迎えられて、私は今、悲しさの中から湧いてくる、あるすがすがしさのような気持ちに驚いています。マリが亡くなって、こんふうになれるなんて思ってもいなかった」

命がなくなるより悲しいのは、「必要ない子」と思われること

「………あの、飼い主のことを恨んでいるのでは思うのですが………。そういう相談も受けてもらえますか？」という依頼が、ある日入りました。電話口の飼い主さんの声は若くてはつらつとし、恨みという言葉とはほど遠い感じがするのです。正直にそ

う伝えると、27歳だというKさんはちょっと声のトーンを落としてこう言いました。
「恨んでいる？と思うのは、前の飼い主のことで、そもそもピンクは私の前の職場に置きざりにされた犬だったのです。前の職場というのは動物病院なのですが、これがまた話すと長くなって、しかもいやな話になってきます。大丈夫ですか？」というわけで、続きは私のほうでまとめてみました。

ピンクという名は、彼女が置いて行かれた際の唯一の所持品だったピンクの洋服の色からつけられました。3泊4日の旅行に出かけるからと、Kさんの勤務先の病院に預けられた2歳のロングコートのチワワで、あとからスタッフが確認すると、名前の箇所は黒く塗りつぶされてあったのです。

そもそもピンクはそれまで受診歴がない子だったので、通常は預かりを断るそうですが、閑散期だったことと、全額前払いをしたこと、ピンクがまだ若くよい血統だったことで、院長のOKが出たというのです。Kさんいわく、院長が金満体質で、価値判断の基準はすべて経済だそうです。全額キャッシュで支払ったことに加え、もし何かあってもロングコートの若いチワワ、しかも未不妊だったピンクは、使い道があると判断されたのです。

約束の日が過ぎても、飼い主はピンクを迎えに来ませんでした。調べると、預かりの際記入された住所も携帯電話も虚偽のものだったのです。「私は休みの日だったのであとから聞いたのですが……。これは何かあるなと、最初から感じたと、受付のスタッフが言っていました」。

Kさんはそれから半年その病院に勤務し、結婚を機に退職しました。そのとき、ピンクを引き取ったのです。

Kさんの元に来て2年、ピンクはとても賢いよい子だそうですが、散歩のことで困っているというのです。突然吠えてしまうときがあり、1度スイッチが入ると、なかなかクールダウンしないのでした。Kさんの旦那さんにはなついているのに、吠えるのはきまって男性です。置いていったのは男性だったというので、似た人をみると恨みか怒りでピンクは吠えてしまうのではないかと、Kさんは推測しているのでした。

「さっき話したような病院でしたから、ピンクの世話は最低限で散歩もいらないっていうくらい、預かりの子たちと差別されていました。だから当時のピンクも、自分がこの先どうなるかなんとなくわかっていて、自分をこんな目にあわせた飼い主を、ずっと恨んでいるのではないかと。今回相談したのは、私、出産を控えているのです。義理の母がピンクの吠えを気にしているもので……赤ちゃんに危害を加えたらどうするの？って」

コンタクトをとったピンクは、きちんと前足を揃えてお座りをした体勢で出てきました。真っすぐ私をみる目に聡明さがあふれていて、置き去りにされる理由など、ピンクには一つもないとわかる子です。

私が挨拶をすると、「ママから聞いている」というや、心得ているとばかりに歩き出しました。ピンクのあとをついていこうと足を踏み出すと、私は彼女のリードを持っているのでした。ピンクはすれ違う犬に鼻をつけて挨拶し、人から声をかけられるときちんと座って応じ、実にマナーがよい犬でした。ところが、前方に男の人をみつけると態度が豹変《ひょうへん》しました。若くて華奢《きゃしゃ》な男性で、タイプ的にはロック系のミュージシャンという感じです。

ピンクの歩みが止まり、その場に足を踏ん張るとけたたましく吠えはじめたのです。彼女の声の振動が、リードを持つ私に伝わってくると、胸が潰れそうになって涙があふれてきます。

ピンクは怒っているのでも、恨んでいるのでもありませんでした。前の飼い主に似た人をみると、とても愛して尽くした飼い主に捨てられた悲しみがよみがえってくるのです。「お兄ちゃん、どうして私を迎えに来てくれなかったの？　私はお兄ちゃんのことが大好きなのに」。

やがて、鳴いているピンクの後ろに空間が開いて、生活感のない部屋で暮らす男の人の背中が視えてきました。ピンクを病院に置き去りにする前、最悪の精神状態だったのでしょうか。若いのにエネルギーに勢いがなく、感じるのは閉塞感です。賢いピンクは、そんな飼い主が心配でたまりません。膝の上にのったり、身体をぴたっとくっつけて癒そうとしているのが感じ取れます。

こんなふうに前の飼い主との生活にアクセスして一番驚いたのは、ピンクがそんな前の飼い主の身を案じていることでした。雌犬が持つ母性愛に近い愛情で、ピンクはまるで母犬のような気持ちになって、前の飼い主のことをみていたのです。

Ｋさんに視えたことすべてを話すと、「そんな気持ちだったのですね。私はいつも、もうつらい過去やひどい飼い主のことなんか忘れてと言っているのですが……。どうしたら、ピンクから前の飼い主のトラウマを消せるでしょうか？」と、聞かれました。

そこで私は、こうアドバイスしました。

「ピンクが前の飼い主を思う気持ちは、親子の愛情みたいなものなので否定しないであげてください。どんなにひどい親でも、子どもは親を慕うのと同じです。Kさんは前の飼い主と会うこともないのですから、むしろ立派な人だったけれど事情があったと話してあげるほうが、ピンクは救われます。そしてピンクに、やりがいのある仕事をあげてみてください。愛情深い子だから、きっとうまくいくと思います」

その後しばらくして、かわいらしい女の赤ちゃんのそばに誇らしげに座っているピンクの写真が送られてきました。

私はその後、遺棄された子たちの気持ちを、100例以上は聞いてきましたが、自分が命を落とすかもしれない状況になっても、恨みやつらみを訴えてくる犬や猫は1匹もいませんでした。彼らが訴えてくるのは、飼い主への愛と、その愛を受け取ってもらえなかった悲しみとさびしさです。そんな彼らに一番必要なのは、「いらない存在ではない」と、知らせてあげることなのです。

自分の過去を肯定してもらい、赤ちゃんを守るという生きがいを得たピンクは、その後、前の飼い主と似た男性をみかけても吠えることはなくなりました。

安楽死という選択

「安心で楽な死」という字とは裏腹に、日本人でこの選択を自ら進んで行う飼い主さんは非常に少ないものです。それは私たち日本人の多くが、一神教の宗教観を持っていない点にあると、私は感じています。もちろん、宗教観の良し悪しをいっているのではありません。考え方の違いとしてです。

日本人は、道端のお地蔵さんを拝み、壮大な自然に畏敬の念を抱き、神社仏閣を大事にする民族です。言い換えれば、神羅万象、あらゆるものの中に神の息吹、計らいがあると感じる民族なのです。そんな私たちにとって、死は神の領域です。その神の領域に踏み込んでしまったという畏怖が、のちに激しく自分を責めることに変換されてしまうのです。しかし、ペットの高齢化が進む中、安楽死を考えなければいけない状況は誰にも起こりうることです。

ローラというアフガン犬の事例から、考えていきましょう。アフガンハウンドは壁画などにも出てくる長毛の狩猟犬で、その優雅な姿から、歩く貴婦人ともいわれます。写真の中のローラも、ため息が出るほど美しい犬でしたが、相談があったときのローラはがんに侵されていました。

飼い主のFさんは、アフガンという犬種にほれ込んでブリーダーになりましたが、生まれた子犬を里親に出すことができなくて、ブリーダーをやめたという筋金入りの愛犬家です。そんなFさんですから、ローラのがんの治療には、あらゆるものを試してきました。そのかいあって、一時はかなり縮小したのですが、最近胸と口腔内に転移がみられたというのです。主治医から安楽死の説明を受け、私のところへ相談にきたのでした。胸部のがんが大きくなれば呼吸困難になる可能性があり、口腔内のがんが大きくなれば顔の変形とともに、食事をとれなくなるそうです。

「これまでずっと仕事をセーブしてきたのですが、今はどうしても休むことができなくて……昼の5～6時間は、ローラたち犬だけで過ごすことになります。その間にローラの容態が急変することもないとはいいきれないですし、そうなったらほかの子たちもすごく動揺してしまうかと。当分の間、昼間は病院に預けるというのはどう思うかを聞いてもらいたいです。あくまで預けるだけで、安楽死のことは考えていません」

Fさんが話す傍らで、私はFさんが他の子と呼ぶ犬たちの写真をみていました。どの子もローラが産んだ娘や息子で、ローラを中央にして6匹のアフガンたちが、仲睦まじく並んでいるのは圧巻でした。

ローラにコンタクトをとると、彼女は待っていたとばかりに話し出しました。「お母さんが悩むことはない。私の心の準備はできているから、いつでもいいのよ」。ローラの意思が強かったからか、小柄な女性くらいはある大型犬がすぐ目の前にいるような臨場感があり、私は圧倒されてしまったものです。

「今、心の準備といったけれど、あなたのお母さんは、まだそんなふうには考えていないわ。あなたがそういうのは、診断よりも身体の状態がよくないから？」

すると、彫刻のように整ったローラの顔に微かな憂鬱が浮かびました。「私にとって一番つらいのは、私の口の中にできた物で私の顔が変わってしまったと、お母さんが思っていることよ。朝起きて『おはよう』と私に言うときの、お母さんの悲しそうな声の響きと視線といったらないわ。

私の誇らしい子どもたちは、朝起きたらいっせいにサンルームへ行くでしょう？あれは、お母さんと私の、そんなやり取りをみないようにしているからよ。私の身体は、まだ何か月かは持つかもしれない。でも私にはもう行く道はみえているし、それは変えられないことよ。それなら、今までの美しかったローラの誇りを大事にしたいし、毎日、お母さんを悲しい気持ちにするのは何よりいや」。

今までどうぶつたちの思いもよらない優しい心情に胸を打たれることばかりでしたが、このときはすぐに返事ができないほどでした。

Fさんに伝えたところ最初は絶句し、そのあと号泣してしまいました。「顔に出ないようにしてきたつもりですが、ローラのいうとおりです。私の自慢のローラの顔が変形してから、私は毎朝その膨らみが大きくなってないかと、一番に目がいってしまうのです」

その後ローラの強い意思を表してでもいるように、口腔内のがんは大きくなりませんでしたが、胸のがんは日増しに大きくなり、胸水が溜まってきたのでした。何度か胸水を抜いたあと、再び獣医に安楽死の話をされ、Fさんはカレンダーをみながら決断しました。

「日曜日、家に来ていただけますか。ローラもファミリーに囲まれて逝きたいと思います」。言い終わると、診察台に寝ていたローラが頭を上げ、Fさんをじっと見上げてきたそうです。その目はとても澄んで優しく、コミュニケーションの結果を裏づけていたとFさんは言いました。怖れや悲しみはいっさいみられない、受容の目をしていたのです。

ところがFさんのほうは、日に日に動揺が強くなってきました。決断をしたのは火曜日でしたが、その日から眠れなくなってしまったのです。頭ではわかっているのですが、気持ちが追いついていかないのです。

さて、ローラは結局どうなったのでしょう。ローラは、安楽死を行う予定だった前日の夕方、病院で息を引き取りました。Fさんが迎えに行く30分ほど前、容態が急変したのです。ローラは、駆けつけたFさんを待つようにして旅立ったのでした。

Fさんから知らせを受けたのは、彼女が旅立ってから半年ほど経ったころでした。ようやく誰かに話せるようになったと言って、電話をくれたのです。「私が耐えられないと判断して、病院で逝くことを選んだのだと思います。ローラは最期まで、とてつもなく優しかったです」

私たちは自分の怖れをペットに重ねてみている

代表的な実例を4つあげましたが、ここまで読んだあなたはどんな感想を持ったでしょうか？　この本を読み進めてくださっているので、どうぶつたちの深い愛に対して疑う気持ちはないでしょう。でも一方で、信じられない気持ちもあるのではないで

しょうか。

「どんな動物も本当に死を怖がっていないの？」

「うちの小さなかわいい子が、こんな深いことまで考えているかしら？」

セッションに来るほとんどの方が、報告を受けるまではそんな気持ちを持っているものです。でも話の内容が、その子と飼い主さんしか知りえないことだったとき、本当に心にしみて納得できるのです。

実は私自身もそうでした。26年経って小太郎とつながったとき、私は真っ先にこういいました。「あのとき、病院に預けてしまってごめんね」。

すると、３キロにも満たない私の小さな愛犬は、即座にこう返してきたのです。

「お姉ちゃん、そんなことはないよ」

まず、お姉ちゃんと呼ばれて驚きました。小太郎を迎えたときは23歳でしたから、自分のことをママとは呼ばず、「お姉ちゃんはね」と話しかけていたのですが、26年も経って私は、そのことをすっかり忘れてしまっていたからです。

「あのとき、病院で逝くことを選んだのは僕自身だよ」と、小太郎は続けました。今思えば、小太郎もローラと同じ優しさでそうしてくれたのですが、その当時の私には想像もつかない考えだったのです。

実際私は、腰を抜かしそうなほど驚いて、小太郎をまじまじとみつめたものです。水頭症と心臓弁膜症を抱えた弱々しいだけの小さな犬ではないのだと、初めて知った瞬間でした。

「お姉ちゃんはもう限界だと思ったから」。軽やかな口調でいうと、満足そうに目を細めてみてきました。「あのころのお姉ちゃんは自分を大事にできていなかったね。いつも人前では無理をしていたよ。でも今は、自分を本当に大事にできるようになってよかった」。

人間とペットの死生観の違い

程度の差こそあれ、死は悲しみで、少しでも先延ばしにしたいと思っているのは、

彼岸《ひがん》と此岸《しがん》

あなたも私も疑う余地のないところです。その私たちの考えをそのまま愛しい子に投影していることが、ペットロスを深刻にしてしまう大きな要因となっているのです。

次の章では、覚大和尚に私たち人間が死後に行く世界のことを、仏教的な視点から優しく解説していただきます。

この章の最後では、私たち人間とどうぶつたちの死生観の違いを、まとめておきたいと思います。

図にある僧侶が立っている手前側の世界は、此岸《しがん》です。この世、私たちが今いるこの世界のことです。

此岸のこの世に対して、私たちはあの世を彼岸《ひがん》と呼んでいます。大きく分けて、彼岸は仏教界でお釈迦《しゃか》様がいる世界、往生した世界のことです。スピリチュアルな言い方をすれば、霊界となります。

三途《さんず》の川のことは、病気や事故などで死にかけて生還した人の話から、多くの方が、一度は耳にしたことがあると思います。川の向こうに懐かしい親や友だちがいて、そちらに行こうとしたが、「まだ来てはいけない」などと、止められた。そこで目覚め、こちらの世界に生還したという話です。

日本人の共通意識として、あの世とこの世を分ける境い目に川が出てきますが、それは人種や国や宗教感によって、花畑だったり、トンネルの遠くにみえる光だったりして、異なっています。人間に共通しているのは、此岸（この世）と彼岸（あの世）、つまり、生と死を対比してとらえている点です。

一方どうぶつたちは、実例のマリが話したように、生と死を大いなる輪の中の循環ととらえているのです。輪の両端が少し開いていて、幅跳びでもするように、生から死へ軽々と飛び越えて行く。そんな感覚を持っています。

軽々、といわれてもピンとこない方がほとんどでしょう。そう感じるのは、私たちが死に対して「怖れ」と「執着」を持っているからです。どんな怖れと執着か、代表的なものはこの三つでしょうか。

これまで築いてきた、自分の実績、地位、財産、名誉がなくなるという執着と怖れ。
自分自身の存在が、死によってすべて消えてなくなるという怖れ。
愛する家族と引き離されて、会えなくなるという怖れ。
この怖れや執着は、愛しいペットの死を間近にすることで、最大限に加速し、増大されてしまいます。その私たちの感覚をペットに投影してみるもので、怖がっていると感じるのです。

でもどうぶつたちは、自分の財産、名誉、地位がなくなるという執着を持っていません。そもそもそんなことには無頓着ですね。執着がありませんから、失うという怖れも存在しないのです。そして彼らはみな、「今」を生きています。

私たち人間のように、何十年も先の未来を憂いたり、起きてもいないことを案じたりはしません。「今」に集中して生きているのです。未来を憂うことのない彼らは、自分が少しでも長生きしたいなどという感覚もありません。

彼らが望むことは、ピンクの実例に集約されています。ただただ、一途で純粋な愛の中に生きているのです。それは、無償の愛です。私たち人間は、無償の愛に憧れています。いつかは誰もが到達する境地として、私たちの魂の中に刻み込まれているものだからです。愛しい子の中にこの無二の愛を感じるからこそ、私たちは胸を打たれ、ひきつけられてやまないのです。

ペットが死にたくないといってくる理由は二つ

今まで解説してきたように、どうぶつたちで死を怖がっている個体は、基本的にいないといっていいでしょう。ただし、「逝きたくない」、「もっとママと一緒にいたい」といってくる子はたくさんいます。

それはまだ若い個体で、私たちでいえば十分な経験を積んでいないことからくる、不安感から来ている場合が一つ。そして逝きたくないという最大の理由は、飼い主さんが自分（ペット）を失いたくない！という強い思いを持っていて、その思いに応えている場合です。

その子自身が生に執着し、死を怖れているのではありません。「愛する飼い主さんに僕が必要だから」「お母さんが悲しむから、私はそばにいたい」。彼らはそんな純粋な気持ちから、逝きたくないといってくるのです。

第５章

人の死と死後の世界、転生

人間の死とは何か？

優しい愛をけなげに私に注いでくれたこの子（最愛のペット）は、どうして自分を置いて先に死んでしまったのか、受け入れることができない神様、仏様のこの仕打ちを、どうやって乗り越えて、飼い主さんは生きていかなくてはいけないのでしょうか。

言葉では表現できない不公平さと、はがゆさを感じてしまいます。親の死よりも悲しいと嘆く飼い主さんは少なくありません。

第6章でペットの死後の世界を理解するために、まず、人の死が医学的に何かを知り、人間の死後の世界を仏教的な観点からみつめてみましょう。

人は死んだのち、どのような過程をたどり、どこへ行くのでしょうか？　それなりにお年を召せば、だれでも一度は考えてみたことがあるのではないでしょうか。

私たち人間、ヒト属（ホモ属）がアフリカで誕生したのはおよそ200万年前のことです。アウストラロピテクス属から分化し、現生人類であるホモ・サピエンスが出現したのは40万～25万年前といわれています。文明が誕生してから数えて、すでに数千年が経過しています。

この間、科学は目ざましい勢いで進化を遂げてきましたが、人はいかに死んで、死んでからどうなるのかなど、医学は人の死をどこまで明らかにすることができたのでしょうか。「生」と「死」を明確に分ける医学的なポイントは存在します。次の三つの判定基準（いわゆる「死の三兆候」）を満たした場合をいいます。

①呼吸が完全停止
②心臓が完全に停止
③瞳孔が散大し光への反射がみられない

そして、この三つを満たした場合、心臓が停止したと判定するのです。すなわち、心臓死こそが「人の死」になるというわけです。

一般的に医師は臨終の際、この三つの兆候を確認したうえで、患者さんに死亡宣告をしています。この「心臓死」が通常の死亡診断です。

実際、心臓が止まると血液が臓器に行き渡らなくなり、臓器が酸素不足に陥ります。そして、そのまま放置すれば、やがて死に至るからです。体温の低下とともに、体が冷たくなっていくので、亡くなったことを確認しやすいと思います。

一方、この心臓死のほかにも、移植手術などの特殊状況下では「脳死」と呼ばれる死亡判定があります。脳死とは、呼吸や体温調整などをつかさどる脳幹を含め、脳全体の機能が失われた状態をいいます（脳死判定基準は１９８５年に制定）。心臓はまだ拍動しています。

医学的には、脳死になると再び回復する可能性はないと考え、いずれ心臓死に至るというわけです。心臓や肺などの臓器移植は、心臓の停止を待ってからでは間に合いません。心臓の拍動停止ではなく、脳死を「人の死」とするのはこのような場合です。

今まであった意識がなぜ消えてしまうのか。なぜ心臓は止まってしまうのか。死の間際、細胞のレベルで一体何が起きているのかなど、人の死について、現代科学をもってしても完全な解答は得られてはいないのです。それでは人は今まで、死とどう向きあってきたのでしょうか。そこで登場するのが宗教なのです。

人の死後の世界を仏教的にひも解く

日本においては、神道やキリスト教、イスラム教など、さまざまな宗教があります。なかでも、最も身近な宗教の一つとして仏教があります。キリスト教、イスラム教と並び、世界三大宗教の一つです。

紀元前六世紀ごろ、インドのブッダガヤというところで仏教は誕生しました。そして、創始者であるお釈迦様が亡くなられたあと、いろんな宗派が生まれ、ネパールや中国、東南アジアなど、世界各地にその教えが伝えられていったのです。日本には５３８年、今の韓国（当時の百済）を経由して入ってきました。その後、さまざまな宗派が生まれていきました。私が帰依する真言宗もその一つです。

人はこの世に生を受け、成長し、やがて病気になり、歳をとって亡くなります。「生病老死」という4つの苦しみからは逃れられないのです。

「人の一生は重き荷物を背負って行くがごとし」といわれていますが、仏教が誕生したお釈迦様の時代から、生きることは苦、人生は思うようにはならない苦しみの連続であり、人の業（欲望、妬みなど）によって生ずる苦難の連続といわれています。人はこの苦難の世界に、何度も生まれ変わって無限連鎖を繰り返しています。

亡くなった直後に、エンマ大王がその人の生前

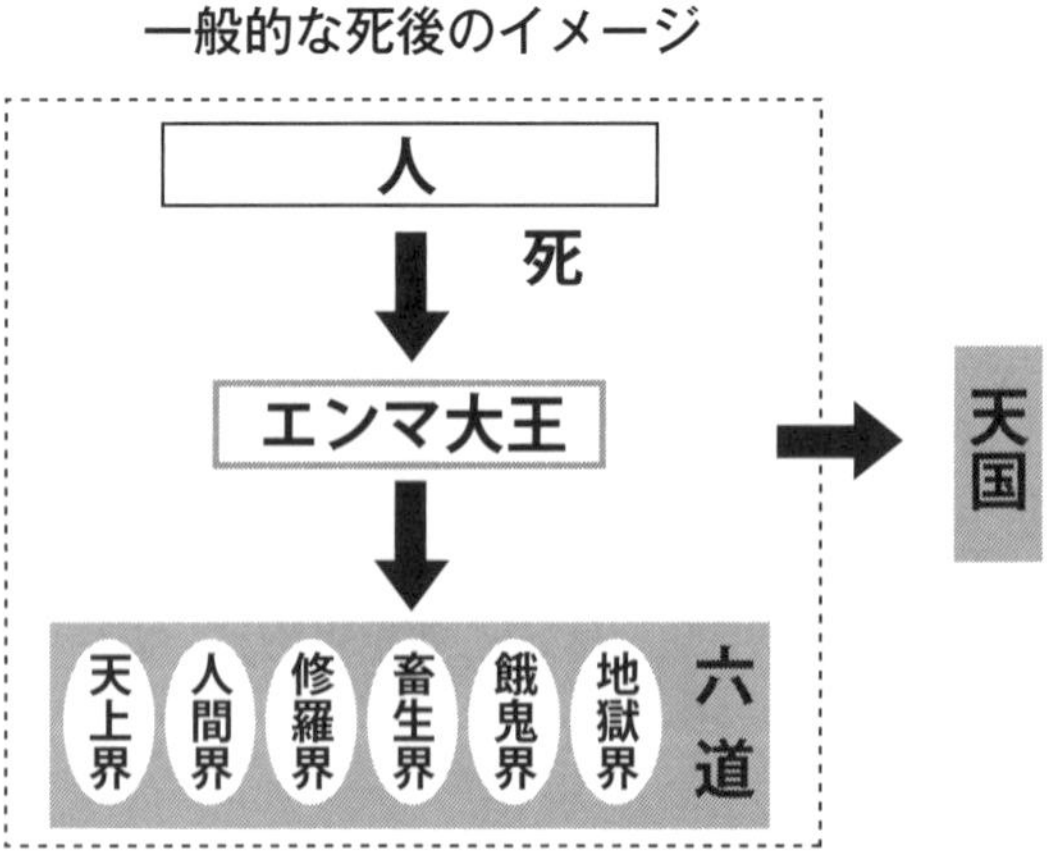

の行いをみて、「おまえは地獄に落ちろ！」「ネズミや虫に生まれ変わってもらう！」「お前の行いはよかった。天国に行ってよろしい！」などと、怖い顔をして次の行き先（世界）を決めるのだと、子どものころ聞いた方も多いでしょう（前ページの図）。

仏教はこの無限連鎖を切って（解脱といいます）、そこから抜け出す方法を教えてくれています。最愛のペットが虹の橋（この言葉の意味は理子さんが第７章で解説しています）を渡ってしまったときの、あなたの悲しみからの解脱の方法もきっとみつかります。

仏教における「輪廻転生」という考え方、解放されるべき輪廻とは、一体なんでしょうか。辞書にはこうあります。

「車輪が回転してきわまりないように、人々が三界六道に迷いの生死を重ねてとどまることのないこと。迷いの世界を生きかわり、死にかわること」（岩波書店『広辞苑』より）

私たちは、車輪がはてしなく回転するように、過去から未来へ生まれ変わり、死に変わり、地獄界・餓鬼界・畜生界・修羅界・人間界・天界という六つの世界（六道）を転生しているのです。仏教ではこのように説いています。

悠大な輪廻転生の流れ

輪廻転生について、非常に興味深いお話を、東京は代々木公園の近くにある大日寺のご住職、大栗道栄大僧正にうかがったことがあります。

お釈迦様（ブッダ）は入滅時に、自身の死後56億7000万年ののちに、弥勒菩薩《みろくぼさつ》という名の救世仏がこの世に現れて人々を救うと約束をされました。弘法大師空海も高野山で入定（亡くなる）ときに、「弥勒菩薩様がこの世に現れるとき、弥勒菩薩につき従ってこの世界に戻ってくる」と言い残されました。

天文学的には、太陽の寿命は約100～110億年であり、太陽系が生まれたのは

入滅後、弥勒菩薩として復活

46億年前なので、太陽は、あと56億年くらいは輝いていられます。つまり、弥勒菩薩様が弘法大師とともにこの世に降臨されるのは、太陽系が滅亡するころ。

ここで地球上の生命体は一度消滅し、新しい世界に入っていきます。そのときに間違った方向に行かないよう、弥勒菩薩様はじっと黙って手を差し伸べてくださいます。弥勒菩薩が降臨するまでの間、六道を転生している我々を救ってくれるのが、それぞれの界に現れてくれるお地蔵様（六地蔵）です。この壮大な時系列での動きこそが、密教的にみた輪廻転生であると語られました。実に大宇宙的にみた説得力のある輪廻転生の解釈ではないでしょうか。私は、今もこの宇宙的な輪廻転生にひかれています。

弥勒菩薩が降臨するまで、なぜ56億7000万年もの修行の時間が必要なのか、私は不思議でした。あのしなやかな弥勒菩薩のご体形から人間らしくなるのに必要な時間だったのか、逆に人間が亡くなったあと、再度人間として生まれてくるまでにかかる時間なのか？　読者のみなさんはどう思われますか？

夏に鳴くセミなどは7年間を幼虫として地下で過ごし、地上ではわずか7日間の命。人も人として生まれ、生涯をまっとうしてもたかだか100年。ひょっとしたら人間も、この地球に命を得て誕生するまでに56億７０００万年かかり、そこからたかだか１００年を生き、そして元の世界に還っていくのでしょうか。

私は人間の生涯の前後には、天文学的な時間の流れを感ずる、優美なる命の壮大なる物語を感じます。言い換えると、長い長い魂のトレーニングの旅を終えて、やっと人間として出生の日を迎えるまでの気の遠くなる時間の流れを輪廻転生というのかもしれません。

ここからは輪廻転生を「時間の流れ」的な見方から、「ものの動き」的にみてみましょう。大宇宙にはいくつもの銀河があり、その中には太陽系のような星の集まりが存在し、銀河も太陽系もゆっくりと「回転」しながら動いていることがわかっています。

そしてあるときが来るとビッグバンを起こして消滅し、そのあとはブラックホールに吸い込まれ、物質は濃縮され、やがて新星が生まれます。これは大きな意味で「転生」ですね。

反対にミクロの世界をみてみると、物質は分子、原子、原子核（陽子と中性子）、素粒子と小さくなっていきます。それらは常に「回転」しています。原子核の中では陽子と中性子が激しく動き回り、一瞬にして、消滅してはまた新しいものに生まれ変わって「転生」しています。

いかがでしょうか？　広大な世界からミクロの世界まで共通して、すべてのものは回転して、変化し続けています。私にはこのような回転が輪廻であり、変化は転生と思えてなりません。

この無限なる宇宙には生物次元を超越した何かがあるように私には思えてならないのです。人にとって五感を越えたものは、ペットたちでも同様です。それは我々のまわりをいつも飛び回って我々に働きかけてきているようです。

植物は積極的に動物に働きかけることができませんが、ちょうど動物が植物のまわりを飛び回り、積極的にアクションしているように感じます。（『霊験』今井幹雄著）

私は、ペットたちは旅立ったあとも、私たちのまわりをいつも生前と同じようにはしゃぎ回っていて、積極的に語りかけてくれているように思えてなりません。我々の五感では、それをとらえられていないだけではないかと思います。第六感といわれるものがこの感覚かもしれません。

ペットたちにもきっと、悠然とした命の往来があると思います。旅立ったペットたちの、それぞれの命の往来物語に耳を傾けて、それをしっかりと受け止めたとき、私たちはその命の証であったぬくもりを感じます。またその物語を心に思い描けるようになれば、いつでも同じぬくもりは感じられ、はじめて旅立った子たちの魂を手放し、微笑んで大宇宙に還してあげることができるようになると思います。

死へ旅立つ前の経「枕経」

人の死に際して、五感（視覚、聴覚、触覚、味覚、嗅覚）のうち、最後まで残るのは聴覚であることが医学的に確認されています。運動機能の関与がなくても、脳の血流が保たれていれば、その機能をきちんと果たせると考えられているからです。ですから私は、意識レベルが低下し、危篤状態の人の前では、ご家族に最期まで呼びかけ、語りかけ、好きな音楽を聞かせてあげてくださいと言い続けています。

さらに私は、先ほどお話しした死の判定基準を満たし始め、死期が迫っていると判断をしたときには、ご家族に医学的にみたその事実を冷静に話すとともに、その方の魂の旅立ちのために一緒に祈ることをしています。在宅診療の場でも、集中治療室（ICU）の病棟でも祈ります。

仏教でいう「枕経」がこれなのです。生きているうちにそんなことをすることは不謹慎だといわれる方もいますが、たいていのご家族は、涙を流しながらも静かに眼をつむってそれぞれの祈りをしてくださいます。

余談かもしれませんが、このような状態の人の前では不用意な言葉は慎んだほうがいいかもしれません。なぜならその人は自分のまわりでどんな会話がなされているのか、はっきりと覚えている可能性があるからです。

臨死体験をされた方から、よく自分の臨終のベッドサイドでだれだれがこう言っていたと、のちになって私はよく聞かされてきました。読者のみなさんには、このことをしっかりと知っていただきたいと思います。

チベット仏教には「死者のための書」があった

仏教にはチベットを中心に発展した一派があります。それが「チベット仏教」です。法王はダライ・ラマ14世で、１９８９年にノーベル平和賞を受賞したことでも知られています。

チベット仏教は、日本の仏教とは微妙に異なります。それは時期と経路です。日本の場合、中国や韓国を経由し、日本へとやってきたため、中国の影響を色濃く受けているのです。一方、チベットの場合は、7世紀ごろ、インドから直接伝わってきているので、インド仏教の伝統を忠実に受け継いでいます。

チベット仏教には、人が死んだらどうなるのか、そのプロセスを詳細にまとめた『死者の書』という有名な書物があります。１９２８年に社会人類学者のエバンス・ヴェンツがイギリスで英訳本を出版したことがきっかけとなり、ヨーロッパで一大ブームを引き起こしました。深層心理学者のカール・ユングなど、当時の知識人たちの愛読書として広まっていったのです。たとえば、ユングは自著の中でこう記しています。

「私はこの書から多くの刺激や知識を与えられたばかりでなく、多くの根本的な洞察をも教えられた」（ユング「東洋的瞑想の心理学」）

ユングはこの書の中に、個人を超えた無意識の世界をみていたようです。この『死者の書』は、チベット語で「バルド・トドゥル」といいます。バルドとは、「中有」、つまり死んでから来世に生まれ変わるまでの中間のことをいいます。トドゥルは、耳で聞いて解脱するという意味です。この『死者の書』では、人が死んだ場合、その後の四十九日でどうなるのかが、時系列に沿って、3段階のバルトとして描かれています。

3段階のバルド

仏教において、この「四十九日」とは、あらゆる死者が輪廻して生まれ変わる、いわば「タイムリミット」を表しているのです。そして、さきほど説明したとおり、地獄界や畜生界などの世界は苦に満ちているため、解脱して、四聖のような涅槃の世界を目指そうと説いています。仏教の中でも、チベット仏教は、死の直後こそが解脱する最大のチャンスととらえています。

生きものは亡くなると、バルド（中有）＝生と死の中間の状態に入っていきます。この状態は、肉体と心といった現世の条件に縛られないため、悟りを得やすいと考えられています。『死者の書』は、死者が再び六道の世界へと生まれ変わる輪廻への道を避けて、解脱へと向かわせるためのものなのです。

この死後訪れるであろうバルドには、三つの段階があると考えられています（１４４

ページの図）。

・死の直後に体験する「チカエ・バルド」（死の瞬間のバルド）
・死後４日半から14日の間の「チョエニ・バルド」（心の本体のバルド）
・死後22日目から始まる〝「シパ・バルド」（再生のバルド）

死者の書では、それぞれのバルドで死者の意識が体験する神秘的な現象を説き聞かせることで、死者の意識を恐怖や欲望から解放させようとします。そして、残された家族にとって死を肯定的にとらえ、死者を引き戻さないようと説いています。

輪廻転生のイメージ

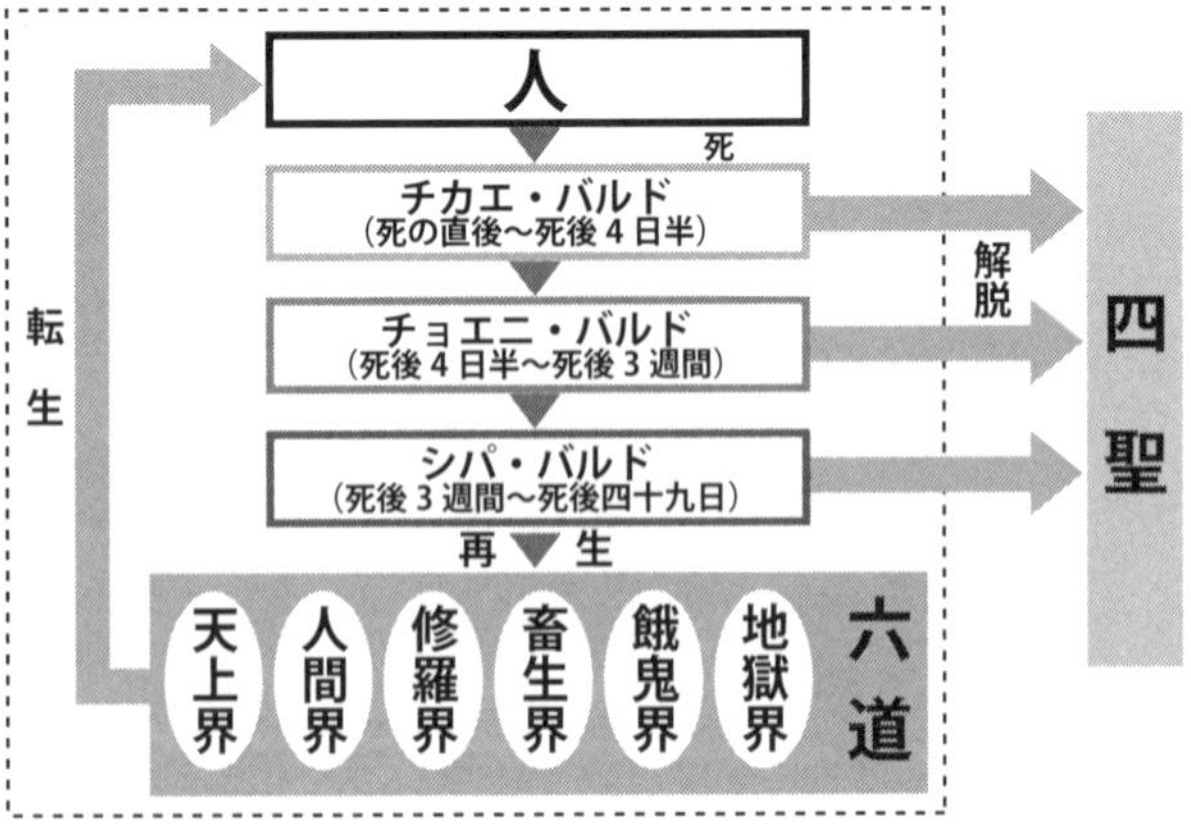

『死者の書』は最後に、こう励ましています。

「現世に残してきた親類縁者や友人、息子たちや娘たちは、そなたを助けることができないのだから、彼らに対する執着心とあこがれを手放し、解放するのがよいでしょう。さあ、行きなさい」と。最後まで執着や怖れを捨てられなかった魂が、四十九日のあと、再び物質の世界へと戻って行くのです。解脱した魂の行き先が、あるがままの涅槃の世界です」。

チベットでは、『死者の書』が枕経として、亡くなった人の枕元で読まれるだけではありません。火葬されたあとも、四十九日（中陰）の間、ずっと読み続けられるそうです。なぜ、死者の書が四十九日間も読まれるのでしょうか。

宗教史学者、中沢新一さんの『三万年の死の教え　チベット『死者の書』の世界』によると、チベットの人たちは、人の感覚器官の中でもっとも原始的な耳は、死んでからも機能し続けていて、死後、身体の中で動く意識がイメージを構成するのに大きな役割を果たしていると古くから知っていました。死後も聴覚が働くとは、にわかには信じられません。
チベットの人たちは、この期間に出くわす状態をあらかじめ伝えて正しい解脱の方法へと導くために、亡くなった人の魂にその聴覚を通して、四十九日間も僧侶によって読み続けられたのでしょう。先ほど書いた、エンマ大王が転生先を決めるなどの教えは、今を生きる人たちへの戒めであり、方便であることをつけ加えさせていただきます（下図）。

『死者の書』が教える輪廻転生のイメージ

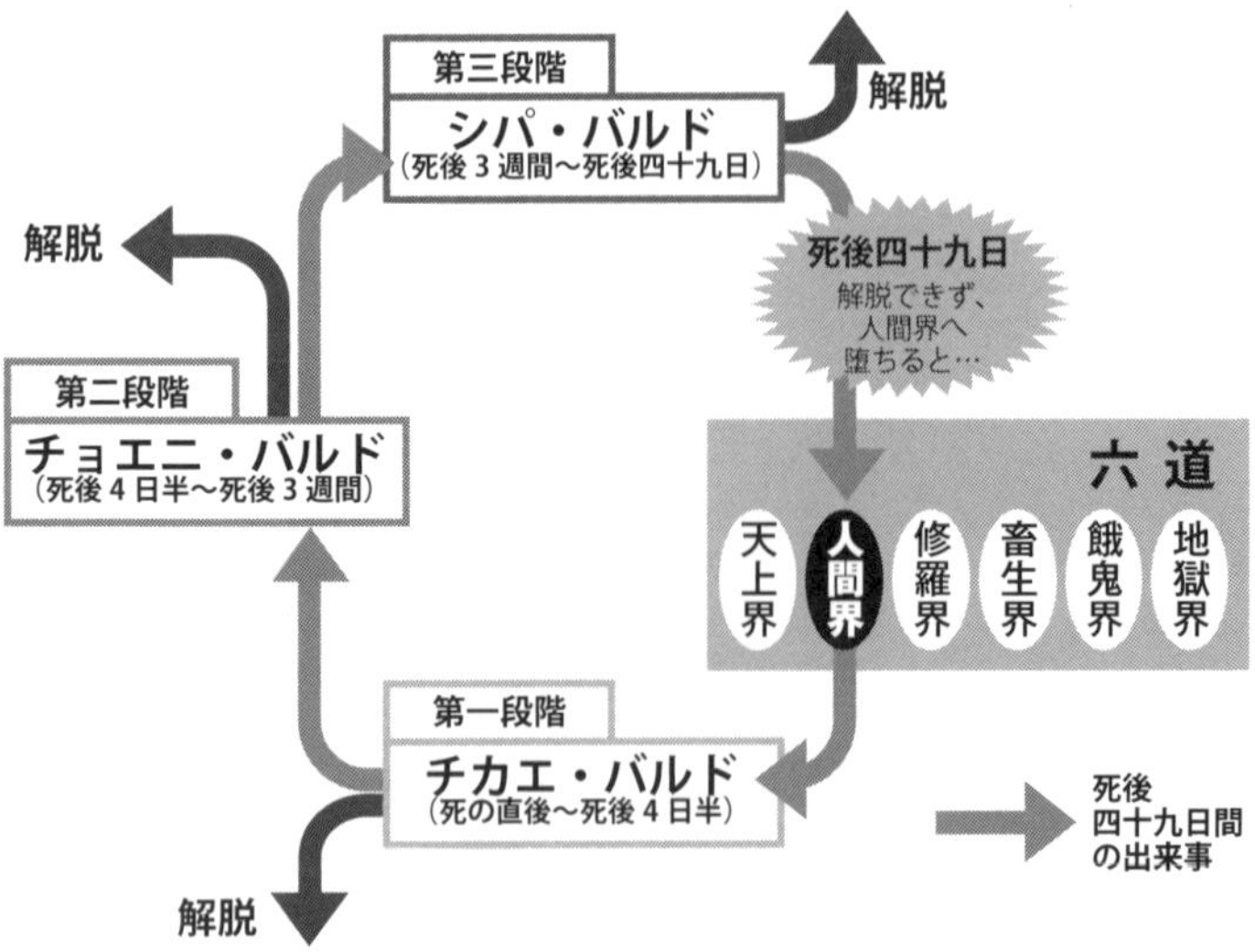

『死者の書』が現代に投げかける意味は？

私たちの社会において、人の死はとても近くて遠いものになってしまいました。必ず訪れる死なのに、家族に見守られながら自宅で亡くなることがとても少なくなりました。厚生労働省の資料をみても、病院で亡くなる割合は一時期80パーセントを超え、いまも70パーセントと相変わらず高い状況です。

科学が進化し、医療が進歩するとともに、死というものが医学の敗北として、一種、タブー視されるようになったのです。実際、私も医師として医療の現場に携わっていると、そうした感覚にとらわれることが少なくありません。

しかし、生と死はそれほど明確に区別できるものなのでしょうか。まったく違う世界なのでしょうか。仏教の根本思想が詰まっているお経に「般若心経」があります。この中に、次の一節があります。

「色即是空《しきそくぜくう》、空即是色《くうそくぜしき》」

これは、色（物質）はすなわち空（無）であり、空（無）はすなわち色（物質）である、という意味を表しています。なかなか奥が深いものです。

「量子力学」という極微の世界を表す物理学があります。それによると、何もないと思われた真空にはエネルギーが満ちていて、エネルギーは常に揺らぎ、そこから物質である粒子と反粒子が次々に生じています（これを「対生成」といいます）。反粒子とは、粒子と電気的な性質が違うだけで、粒子と出合うとたちまち消滅してしまいます（これを「対消滅」といいます）。つまり、真空では絶えず対生成で物質が生まれ、対消滅を起こして消えている、というのです。

このように、この世界では、無とは決して何もないわけでなく、そこから有（物質）を生じさせ、そして再び無へと戻って行く、と説いているのです。まさに、「色即是空、空即是色」が表現した世界観のように思われます。

もう一度、この『死者の書（バルド・トドゥル）』を思い返してみてください。

これは、死に臨む人に対し、死後四十九日までの間、語り続ける壮大な物語です。バルドは中有、すなわち中間の状態という意味で、死は終わりでなく、プロセスに過ぎないことを表しています。

現代は、何事においても物事を白黒はっきりさせられないことが多いと思いませんか？　むしろそのほうが自然なのかもしれません。

死も全く同じ。人はバルドからこの世界に誕生し、死んで再びバルドに戻って行く。複雑化したこの社会だからこそ、生と死をお互い相まみえない、対立したものと考えるのではなく、その境界を取り払って考えていくことが大切ではないかと思います。

生と死は境界のない時の流れ

私は、生と死は異なるものと考えるのではなく、境界がない時間的な流れではないかと考えています。医学的に肉体をみると細胞の活動がなくなり、やがて肉体も現世から消えてしまい、流れなどはありません。

しかし、いくつもの細胞、気の遠くなるようなＤＮＡから発信されて大きなうねりとなった波動のエネルギーは、何かに共鳴すべく残っている気がしてなりません。この波動エネルギーが、いってみると魂なのではないでしょうか？　このような考え方を最愛のペットの死にも向けることができれば、悲しみを包み込む一つの方法になるかもしれません。逝ってしまったあの子の波動エネルギーは、いつでもあなたの細胞の波動と共鳴することができるのです。

いよいよ第６章では、アニマルコミュニケーターの理子さんが、ペットが旅立ったあとのことを詳しく教えてくれています。読み進めてみましょう！

コラム

六道と四聖

本書でいう「解脱」とは、いったい何をいうのでしょうか。たとえば、辞書にはこのように記してあります。

「束縛から離脱して自由になること。現世の苦悩から解放されて絶対自由の境地に達すること。また、到達されるべき究極の境地。涅槃」

（岩波書店「広辞苑」より）

また、別の辞書にはこうもあります。

「インド思想一般において、解脱は、現世、迷いの世界、輪廻などの苦しみから解き放された理想的な心の境地と考えられ、この解脱を得ることが人生最大の目的とされた。

解脱の詳細な内容や、そこへ至る方法は、各学派によってさまざまであるが、とくにわが国では、この語は仏教と結びついて用いられてきた」

（小学館「日本大百科全書より」）

簡単にいうと、解脱とは「輪廻など現世の苦悩から解放される」ことをいいます。

では、人々が解脱を求めるのはどうしてでしょうか。

衆生《しゅじょう》といわれる、この世に生きとし生けるもの、そのすべてには寿命があり、必ず「死」を迎えるからです。「死」あるがために、現世の幸せには限りがあり、決して長くは続かないのです。お金を手に入れ、たとえ地位や名誉を手に入れたとしても、人生はおよそ100年しか続きません。あっという間に終わってしまいます。

みなさんは、武士として初めて全国統一を果たした、戦国武将豊臣秀吉をご存じかと思います。その秀吉が63歳の生涯を終える際、残した辞世の句があります。

露と落ち　露と消えにし　我が身かな　なにわのことも　夢のまた夢
(露がはかなく消えていくように、私の命も消えようとしている。一生を振り返ってみれば、すべては夢の中で、夢をみているようなはかないものであったことよ)

そんなはかない幸せではなく、未来永劫続く幸せがほしい……。そう思いませんか？　それを実現するのが解脱なのです。

仏教には、「輪廻転生」という考えがあります。それでは解放されるべき輪廻とは、一体なんでしょうか。辞書にはこうあります。

「車輪が回転してきわまりないように、衆生が三界六道に迷いの生死を重ねてとどまることのないこと。迷いの世界を生きかわり、死にかわること」

（岩波書店「広辞苑」より）

私たちは、車輪がはてしなく回転するように、過去から未来へと生まれ変わり死に変わり、６つの世界を転生している。仏教ではこのように説いているのです。

ここでいう、６つの世界、すなわち「六道」とは何のことでしょうか。仏教では、このように表現しています。

- **地獄界**
- **餓鬼界**
- **畜生界**
- **修羅界**
- **人間界**
- **天上界**

一見、天上界はよさそうな気がしませんか。しかし、仏教では、天上界といえども、迷いの世界なのです。

それぞれの世界について、もうすこし詳しくみていきましょう。地獄界とは、現世で悪行を積んだ者が生まれ変わる、もっとも苦しみの激しい世界のことです。その行為の結果として、最も苦しい無間地獄、猛火に投げ込まれる焦熱地獄など、8つの地獄に落ちます。

平安時代の天台宗の僧侶、源信僧都が著した『往生要集』には、「この苦は、ひとすくいの如く、後の苦は大海の如し」とあります。この世の苦しみを一滴の水にたとえるなら、地獄は海の水のような苦しみが待っていると述べているのです。いかに地獄が苦しく、ひどいところか、容易に想像がつくではありませんか。こんなところには決して行きたくないですよね。

餓鬼界は、ぜいたくを極め、他人からものを奪うなど欲が深く、ケチな者が生まれ変わる世界です。飢えや渇きでガリガリにやせ細り、骨と皮になって苦しみます。食べたいものを食べたり、飲みたいものを飲んだりすることができません。

畜生界は、動物や鳥、昆虫の世界です。幸せな人を妬み、他人の不幸を喜ぶ人がこの世界に生まれ変わります。自分より強い生きものに食べられる、まさに弱肉強食の世界です。常に不安と対峙《たいじ》しなければなりません。

修羅界は、自尊心、我執、疑いの心が強い者が生まれ変わる世界です。闘争が激しく、戦うことでしか満足が得られません。

人間界は、自分の思うとおりにならない生老病死、愛別離苦などの苦しみに悩まされるため、決して安寧な世界ではありません。

天上界も楽しさには限りがあります。老境にさしかかると、そのつらさは地獄よりはるかに苦しいともいわれます。

それでは、解脱した先として、私たちはどこを目指せばいいのでしょうか。それについても、仏教ではちゃんと用意しています。それが「四聖」です。具体的には、次のとおりです。

・声聞界
・縁覚界

・菩薩界

・仏界（如来界）

声聞界は、仏の教えを聞いて、部分的にですが、悟りを得た境地をいいます。縁覚界もこれに似ていて、さまざまなものごとを縁として、部分的にですが、自らの力で悟りを開いて実践し始めた境地をいいます。

菩薩界は、仏の悟りを得ようと不断の努力を重ね、仏の境地に到達しようと目指していきます。さきほど示した声聞界と縁覚界が「自分中心」という心にとらわれて、低い悟りに安住し、仏の境地には到達できないのとは違います。そして、仏界（如来界）は慈悲と智慧にあふれた、悟りの最高位を開いた状態をいいます。まさに、安寧の極致といえる世界です。

いかがでしょう。私たちは死後、解脱しない限りこの6つの世界を、まさに車輪のように、ぐるぐると生まれ変わり生き続けると、仏教では説いているのです。少しでも解脱の方向に向かいたいですね。

第６章

人間の転生とペットたちの転生

死ぬ前から逝く準備は始まっている

第5章では、覚大和尚にチベット死者の書『バルド・ドトゥル』の世界から、人間の転生について解説してもらいました。初めて生まれ変わりの流れを知って驚いた方や、混乱した方もいると思います。私もこの世界の勉強を始めて2~3年は、まったくわからず、混乱していたものです。

そこで本章は、人間が死を迎えてから転生するまでの四十九日をおさらいしていく形で、私のスピリチュアルな視点から、ペットの転生と比較し、解説していきます。

この章以降、たびたび「魂」という言葉が出てきます。「はじめに」でもお話ししましたが、「魂」という言い方に抵抗がある方は、自分の中で「意識」や「本質」「存在」と言い換えて読み進めてください。また神という言葉も出てきます。こちらは「創造神」や宇宙の「摂理」とご理解ください。

死の準備の段階からおさらいしましょう。私が『チベット死者の書』で、死の準備のことを知ったのは何年も前なのですが、そのときは正直、ピンときませんでした。はるか遠い地、チベットの信心深い人たちが行う、宗教儀式ととらえていたからです。

今回覚大和尚から、死にゆく人のそばで経を唱える枕経は、身体のしくみに合っていると聞いたとき、私の中で、ようやくチベット死者の書が現実的になったのでした。今は、病院で最期を迎える人が大半という時代です。死にゆく人に、病院で経を唱えることは、覚大和尚のような主治医がいないとかないません。でも自宅で最期を迎えていた時代の日本には、枕経があったというのです。

「五感の中で聴覚が最後まで残るから。だから我々は、枕経を耳元で話しかけるように唱えたいのですよ。患者さんの表情がすっと和らぐこともあります。ちゃんと、聞こえているんですよ」

覚大和尚の話を聞きながら、私はペットの看取りのときを思い出していました。

枕経と同じ効果がある飼い主さんの言霊

「逝くとき、話しかけていた私の声は聞こえていた？」という飼い主さんの質問に、ほとんどのペットが、「聞こえていた」といってきていたからです。中には、「僕がワンワン（ママ、幸せだったよ）と挨拶したら、ママが『ルーク苦しいの？逝っちゃうの？』って、僕にしがみついてきた。それで少し頑張って身体の中にいたけれど、気づいたら身体の外に出てしまったよ。

ママはフーっと大きな溜め息をついたあと、今までにないくらい激しく泣いていたね。あの声が今も聞こえてくるから、ママには笑っていてほしいんだ」と、とてもリアルに教えてくれる子もいます。

話を枕経に戻しましょう。枕経の中には、これから死を迎える人の意識が落ち着けるような霊的振動が入っています。でもすぐに覚大和尚のような僧侶を呼べず、自分で経を唱えることができない私たちは、どうしたらいいのでしょう。

安心してください。ペットにとって枕経に匹敵するものが、飼い主さんの真心がこもった言葉がけなのです。真心を込めて話す言葉の中には、純粋な愛の振動が入ります。愛の振動は霊的な力を持つので、単なる「言葉」から「言霊《ことだま》」へ変化するのです。

愛する子の近くで心を込め、「愛しているよ、今までありがとう。泣いてしまうかもしれないけれど、そばについているからね」

こんなふうに、あなたの言葉で愛するペットに話しかけてあげてください。以前の章に登場したキンちゃんのように、みつ

けたときには旅立っていた。あるいは、病院で旅立った。そんなペットには、目視した時点や知らせを受けた時点で、真っ先にこの気持ちを送ってあげてください。

肉体がなくなると、3次元の世界の重力から解放されます。第2章でお話ししましたが、時間と空間（場所）の制約がない思念の世界は、思いが瞬時に届きます。真心がこもった思念は、光のような速さで瞬時に伝わります。どうか自信を持って、話しかけてあげてください。ペットたちも、私たちと同じようにちゃんと聞いているのです。

人間の転生コースのおさらいとペットが行く道

さて肉体から出た人間の魂は、どんな工程を進んで行くのかおさらいしましょう。4章の図（121ページ）で説明しました、此岸（この世）から三途の川に入って進んでいくのが、肉体の死です。この世を終了したあなたは、肉体という衣を脱いで、魂だけになったのです。

慣れ親しんだ肉体から離れるたいへんさは、ペットたちがとても上手に教えてくれているので、少しご紹介します。脱ぎたいのに脱げないきつい洋服を一生懸命脱ごうとしている子、セーターの首が抜けない映像をイメージとしてみせてくれながら、「あともう少しなのだけれど……」といってくる子もいます。その差は年齢や疾患にもよりますし、心臓などがもともと丈夫ということも関係してくるでしょう。死を怖れてはいないどうぶつたちでも、移行するのはそう簡単ではないということですね。

ペットより長くこの世にいた私たち人間の魂は、肉体から出たあと、「やれやれ、疲れた」と、休みたいところですが、このあとの49日間で、さまざまな卒業試験が待っているのです。49というのは、人間の思念の種類を分けると、その数になるからだともいわれています。49日間に私たちが経験することと、その行く工程は、覚大和尚に解説していただきました。

49日間は、新たな肉体に入って再び3次元の世界へ転生するのか、肉体を持たない界層（彼岸）へ進んで往生となるのかを決めるための、最終試験といえるでしょう。この49日の間、魂のそのときどきの状態にあった経が唱えられますが、此岸の世に戻らず往生できるよう、私たちの魂を励まし、導いてくれる役目があります。

ところで、なぜ私たちは励まし、導いてもらう必要があるのでしょう？　他の章で何度か出てきていますが、私たち各自が肉体を持って暮らしていたころの、執着や怖れ、欲などのネガティブな感情が形となって目の前に現れてくるからです。肉体がなくなった死後の世界は、生前の意識がみせる世界というわけです。

そのたとえが、「嘘つきはエンマ大王に舌を抜かれる」や、「地獄へ落とされ、灼熱《しゃくねつ》の炎で焼かれる」などです。実際、舌を抜くような制裁を加えられることはなく、地獄があるわけでもありません。地獄は生前の私たちの意識に深く根づいたネガティブな感情が、そのまま形となって表れた、幻影にすぎないのです。

畜生界（動物界）へ生まれ変わるなども、釈迦の教えの中に見当たりません。時代を経て仏教が庶民の間にも広まっていく中、戒めや方便として出てきたという説もあり、私はそちらを支持します。

転生コースへ進む魂は霊界の落第生

肉体がない世界は、魂に直接響くため、感じ方も強烈となります。『チベット死者の書』には、死後の世界で聞く雷の音は地上の１０００倍の響き、光はまぶしくて目を開けていられないほど、と書かれています。

あなたや私が怖れや執着を持っていなければ、この世と比較にならない音や光に怖れを抱かず身を任せ、同調することができます。光の中に入って行けるというわけです。

それができる純度の高い魂は、彼岸へと行きます。でも多くの魂は、怖れおののき、その光から逃げてしまいます。

「偉大なる魂よ、怖れず光の中に入っていきなさい。青い弱い光（この世の転生に向かう光）のほうへ行ってはいけません」と、チベット死者の書では優しく説いています。

こんなふうに励まし続ける経が唱えられますが、往生できなかった魂は転生の道へと入っていきます。転生の道へ進む魂は死後の世界からみると、落第生というわけです。あなたも私も、落第したからこそ、この物質界にいるのです。

でも私たちの魂は、リベンジをしにこの世に還ってきています。落第することになったそれぞれの怖れや執着、強欲、恨みなどを克服するため、その人にふさわしい国や人種、家庭や境遇を設定して、この世に転生してくるのです。

生まれ変わる際は、記憶を消されます。前世のことを覚えていたのでは、あらかじめ答えを知ってテストに臨むようなもので、意味がなくなってしまうからです。

転生までの期間が短いと知って、驚いた方もいると思います。3次元以降の世界は、時間と空間の制約を受けない世界ということを思い出してください。

たとえば、会いたくてたまらなかった人や、愛するペットに再会して幸せな時間を過ごした場合などは、あなたの思いが強くて深いほど、長い時間のように感じるのです。

旅立ったあとのペットたちが進むコースは人間と違う

私たち人間の大まかな転生の流れをおさらいしてみました。これをペットにあてはめようとすると、大きな疑問が湧いてきませんか？　あなたや私の愛しいあの子、ペットたちは、そもそも強い執着や死への怖れがありません。

講座の生徒やワークショップに参加した方たちに、「死後も怖れや執着や欲を抱えて、そのことにとらわれているペットはいると思う？」と、聞いてみることがよくあります。すると、転生のことを知らなくても、「ペットたちは、そんなこと思いません」と、みなさんそう答えます。

私はアニマルコミュニケーターになる前、17年間ペットシッターをしていました。アニマルコミュニケーションの世界に入ってからは、学生時代も含め、1万頭以上のどうぶつたちのケースを見聞きし、飼い主に遺棄された100匹以上の子たちともコミュケーションをしました。その中で、恨みをいってきた子は、1匹もいません。

悲しみが残っている子はたくさんいましたが、その気持ちにとらわれ、怒ったり、恨んだりしている子はいません。彼らの悲しみは、第4章のピンクが教えてくれたように、愛する飼い主さんからいらない存在と思われてしまった。ただ、そのことが悲しいといってくるのです。

遺棄されたあとさびしく命を終えたり、こちらの世界にいたころ、人間から虐待を受けたり、劣悪な環境の影響で、人間不信になった子たちも少なからずいます。そんな子たちの場合はどうなるのでしょう？　この次の章で詳しく説明しますが、埋め合わせの原理が働いて、癒しの世界が待っていますから、安心してください。


今までの章でお話ししたことを、まとめます。どうぶつたちは、死を怖れない。それは、財産や名誉や地位などに、執着がないからですね。繰り返しになりますが、自分という存在がなくなってしまうという怖れもありません。

古いコートを脱ぎたいとマリが話したように、彼らは大いなる循環の中にいることを生来的に知っています。言い換えれば、大いなる循環の中からやってきて、また大いなる循環の中へ還って行くことを、みな深いところでわかっているのです。

業《カルマ》という言葉を聞いたことがあると思います。私たちの行為で深い意味をもつものを業といいます。私たちのよい行いも悪い行いもやがて積み重なり、自分に返ってくるという考えに基づいています。

釈迦がいった「因果応報」、イエス・キリストがいった「まいた種は自分で刈り取らねばならない」は、同じ意味でカルマのことをいっているのです。

執着、怖れ、強欲などの悪いカルマをつくらないペットたちと、私たちの転生が違う最大の理由は、ここにあります。悪いカルマをつくらないペットたちは、最終試験を受ける輪廻転生に入る必要がありません。「業」を使った言葉、自業自得、業が深いなどに見合う表現は、ペットにないことからもうなずけるでしょう。

ペットたちの魂は バルドと同じ領域に保持される

ここからは、身体を離れたペットたちがいる界層についてお話しします。また人間の魂との比較で解説していきましょう。

こんな図をみたことがある方もいることでしょう。

次ページの図の、肉体と書いた人型は、この3次元の世界です。それ以降の界層はいろいろな呼び方があり、分け方によっても異なるので、今覚える必要はありません。必要なのは、**物質界（肉体）→エーテル体（バルド界、中間域を含む）→アストラル、アストラル界より上の界（霊界）**までとなります。

私たちの魂は、意識が高くなっていくにつれ、いられる（存在できる）界層が変化していきます。このイラストの界層の境い目は、説明する便宜上となります。私たちが今いる世界のように、ここからは2階3階と、はっきり区分けされているわけではありません。その界層に同調できた魂（意識）が、その界層に移行するといえば、わかりやすいでしょうか。同調は、「類は友を呼ぶ」で、私たちの世界でもおなじみですね。

別の界層に移行する条件は、この世とは違います。学歴、地位や名誉、お金を持っているか貧乏かなどはいっさい関係ありません。魂の純度だけが基準となるのです。

意識の界層は、３次元の物的世界、低くて重い波動の世界から、界層が高くなるにつれ、明るく、軽く、精妙な波動の世界となっていきます。

先ほどバルドの説明でお話ししたように、私たちも怖れや執着をそぎ落としていけばいくほど、純度が増して高い界層へと移行していきます。

ちなみに、「アストラル界」の界層から上が、

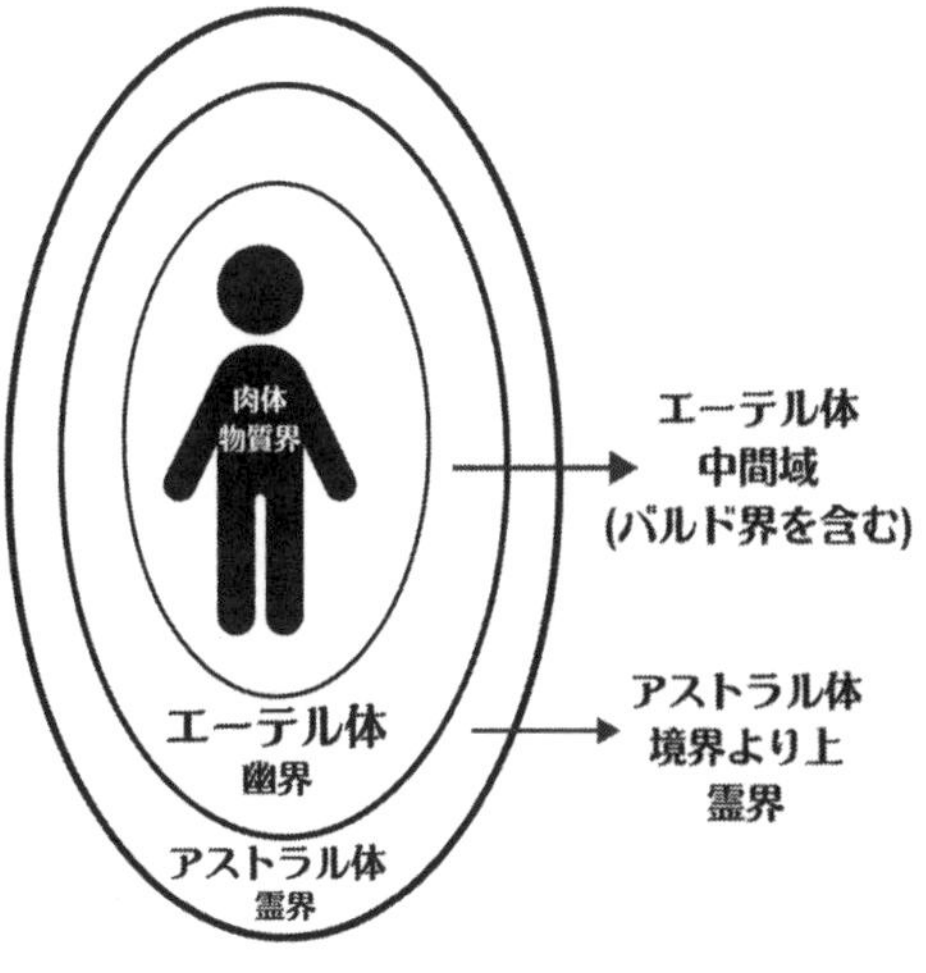

広い意味で霊界の領域といわれています。この界層まで進める魂は往生（解脱）した魂だけとなります。あとはひたすら、神（根源神・創造神）へ向かって、純度を上げていくのです。

さてペットたちはどこの界層にいるのでしょう。輪廻転生の工程と同じエーテル体という界層に保持されます。そのあとの進む道は、飼い主さんとの関わりや思いによって異なりますので、7章で詳しくお話しします。

ペットたちは神から派遣された人間のガイド

人間は神の創造物の中で特別な存在といわれています。特別というのは、この物質界の特別という感覚とは違います。

聖書の中にも、神は自らの姿に似せて私たち人間をつくったとあります。日本の神道では「一霊四魂」、人の魂は神とつながる一霊と、４つの魂から成り立っていると説かれています。私たち人間は特別で、神といずれ一体になるため、進化し続ける魂ということです。

漢字の「自分」や「分身」は、自らを分ける、分けた身と書きます。神が自らを分け、分けた身が私たちなのです。神と一体になることができるのは、この地球上では私たち人間だけとなります。

私たちのペットを含め、この地球上のあらゆる生きものは神と一体、ここでいう一体とは同化という意味ですが、それはできません。ペットは、人間が進化するための特別なガイドですし、純粋で愛に満ちた存在なのは間違いありません。でも、神と一体になることができるのは、宇宙の摂理（法則）にあてはめると、人間だけなのです。

聖書や仏典など、時代や民族を超えて伝わってきた確かな資料をひも解いても、どうぶつたちの転生について人と同様という記述はありません。それどころか、どうぶつたちの転生は書かれていないのです。

霊界の上位界は、釈迦やイエス・キリストなど大聖者の魂が到達した界層です。イエスや釈迦など、この界層まで到達した魂とどうぶつの魂が一体化するのは、どう考えても無理がありますね。

先ほど摂理と書きました。摂理は私たちのこの世界にたとえたら、立法、誰もが従わねばならない国の定めた法律にあたります。この章の最後は、この世で、ペットたちの転生が諸説分かれてしまう理由を「宇宙の法律」にあてはめて解説し、終わりたいと思います。

この物質界は心、霊界は理性の世界

次ページ下図をみてください。

私たちが今いる3次元の世界の法律は、国家が定めたもので、国によって分かれています。そしてこの物質界にいる私たちは、主に心が中心の世界となります。心は何に結びついているか、次の行を読む前に考えてみてください。

心は、肉体と感情にしっかり結びついていて、感情は誰もが知るように、いつも絶えず揺れ動いているものです。目の前のことに喜んだり、悲しんだり、憂鬱になったり、勇気が出たり、心はいつも忙しく一定しません。心に関する言葉をあげてみましょう。心が躍る、心が沈む、心が移る、心が騒ぐ、心が痛むなど、まさに豊かな感情を表していて、いつも動いているのがわかります。

一方肉体を脱いだ世界は、バルド界（中間域）

摂理（法則）＝全宇宙	霊界	理性＝意識
摂理（法則）＝国・民族によって分かれる	物質界	心＝感情

の世界以降、意識が支配する世界になります。意識と心の世界が違うのは、先ほど心を表すのに使った言葉でよくわかります。「意識が痛む」や「意識が沈む」、「意識が躍る」という言葉は聞いたことがありません。

では意識は何と結びついているのでしょうか？　意識は、霊魂そして理性と結びついています。理性は、感情を入れず道理によって物事が判断される世界といえます。

霊界と物質界の摂理（法則）では、判断基準が違うことを頭に入れておかないといけないということです。私たちが今いる物質界の心の視点と感情を、霊界、理性の世界にそのまま持っていき、ペットの転生にあてはめてしまうことから、混乱が生じてしまうといえるでしょう。

ペットの転生説がたくさんある理由

ペットの転生の説を、二つみていきます。私がアニマルコミュニケーションを習った先生は2人で、1人は獣医師の男性、もう1人はアメリカ在住の日本人女性でした。どちらも優れたスキルを持った素晴らしいアニマルコミュニケーターでしたが、習った20年前は、どうぶつの転生に関して、先生方は正反対の説を主張していました。

獣医の先生の説は、どうぶつたちは魚類や両生類などを経て進化し、最後は象やイルカ、クジラなどから人間に転生するというものでした。またすべてのどうぶつは進化するのが第一目的で、そのためさまざまな経験をするものである。ペットが同じ飼い主の元へ戻ってくれば同じ経験しかできないので、戻ってくることはないと教わったのです。

一方女性の先生は、戦争ばかり繰り返し、飽食の限りを尽くしている人間より、どうぶつの魂は一段上である。だからどうぶつたちは、人間になど転生してこない。そして、昔のあなたと今のあなたでは、違う考えになっているのだから、同じ経験しかできないことはない。あなたのペットはまた、あなたの元に戻ってくるというのです。

当時の私は一体、どちらを信じたらいいか……とても悩んだものですが、この信じるという考えや視点自体が間違っていることに気づいていませんでした。

男性の先生はとてもカリスマ性があり、上昇志向の強い方でした。また私が習ったころはインドの聖者を熱心に信奉していました。一方女性の先生は、男女平等や反戦などの考えを強く持ち、どうぶつ愛護の活動に熱心でもありました。

つまり2人とも、自分の信条や価値観、宗教観などのこの世の視点を入れて、ペットの転生を論じていたと推測します。そして私も心の領域、どちらを信じるという視点でペットの転生を判断しようとしていました。肉体を脱いだ世界は、宇宙の摂理、理性が支配する領域です。その視点が頭になかったのです。

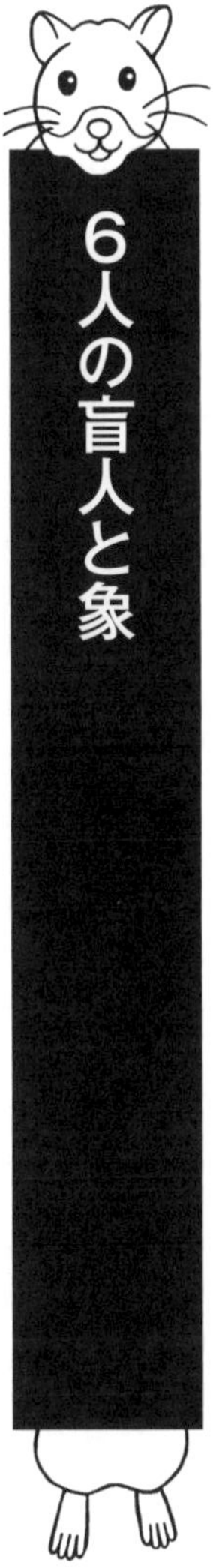

６人の盲人と象

インド発祥の寓話《ぐうわ》にこんな話があります。イラストのように、６人の盲人に像を触ってもらい、それぞれ感想を語ってもらうというものです。

鼻を触った盲人は蛇のようだと言い、尾を触った盲人はロープだと言いました。足を触った盲人は、まるで柱のようだと言います。耳を触った盲人は扇のよう、腹を触った盲人はまるで壁、牙を触った盲人は槍のようだと言ったのです。そして誰も自分の説を譲らず、言い合いになってしまったのでした。

聞くところによると、宇宙の半径は光の速度で進んでも約４６５億光年かかるそうです。想像もできない広さですね。この小さな肉体に魂が入った人間の私たちが、その想像もできない広さの宇宙が支配する摂理について語るのは、この盲人と象の寓話と同じかもしれません。

あなたにこうしていろいろお話ししている私も、10年前、アニマルコミュニケーターになったころとは、視点や解釈がずいぶん変わっています。5年前の、『魂はずっとそばにいる』を書いたころとも、細かい点で変わっています。

本書でお話ししたことは、今の私の意識の到達地点とご理解ください。そしてこの先、私の理解が深まれば、さらに変化していくことでしょう。先ほどの先生、そしてみなさんも、同じだと思います。

第6章は、扱う内容の性質上、初めての方には難しかったと思います。でも、この章でなんとなく頭に入ったことが、第7章で活きてきます。次章は、ペットたちの転生を、「あの世で会う」「この世で会う」「全体の中にあの子をみる」、この三つに分けて、それぞれ解説していきます。

第７章

あの世で会う　この世で会う
全体の中にあの子をみる

古代霊シルバーバーチ

第7章は、愛している子との3通りの再会について解説していきます。

この章は、『チベット死者の書』だけでなく、『シルバーバーチの霊訓』を引用しながら進めていきたいと思います。第6章でお話ししましたが、どうぶつたちの転生については、聖書も仏典も取り上げていないからです。

シルバーバーチを知った当時の状況から、お話しします。アニマルコミュニケーターになる前、ペットシッターをしていたころです。当時、仕事の合い間に愛護団体の手伝いをしていました。気の毒な犬猫たちすべてを保護し、助けてあげることはできません。中にはあと1歩というところで、命を落とす犬や猫もたくさんいました。飼い主に捨てられ、ボロボロになった犬や、風邪をひいて目がぐちゃぐちゃになったまま路地の片隅にいる猫をみて、当時の私の心は痛み、疲弊していました。そんなとき、どうぶつたちの魂の転生を語る古代霊の本があると知り、救いを求めたのです。

本の中の古代霊は、白樺からとった「シルバーバーチ」と名のっていました。およそ３０００年前に地上で暮らしていた人物ということですが、この世でのことは、最後まで明かしていません。

誰が尋ねても、「私が誰であるかが大事なのではなく、私が何を語ったかが大事なのです」と静かにいうのです。霊界のことなど何もわからなかった当時の私でも、その語り口と内容から、英知にあふれた人物なのがわかりました。あとになって知りましたが、世界の3大霊訓といわれる中の一つで、１００年、読み継がれてきたものでした。

シルバーバーチの霊訓は、モーリス・バーバネルというイギリス人男性が、霊媒となって受け取ったものです。霊媒とは、霊界の霊とこの世をつなげる人のことです。日本では口寄せや巫女《みこ》といわれていますし、今の時代はチャネリングと呼ばれ、行う人をチャネラーといっています。

どの場合も、人間が間に入るとき、不完全ということをここで頭に入れてください。間に入る人の意識のありようや資質が反映されてしまうからです。

あの世で飼い主さんを待つ子との再会

あなたがこの世を去ったとき、一番に会いたい、迎えに来てもらいたいと望む飼い主さんとペットからお話ししましょう。ところであなたは、「あの世」というとき、どの界層なのかはっきりイメージしているでしょうか？

あの世は、天国、黄泉の国、人によってはお空や極楽浄土などと、さまざまな言い方をしています。でも多くの人が、楽しいことやうれしいことが待っている世界、思ったことや願いがすぐに実現する世界、会いたかった人、ペットに会える世界と思っています。実はそのとおりで、みな呼び方が違っているだけで、死の直後に入る、中間領域（バルド）のことをいっているのです。

第6章で解説したとおり、私たちが死後に入る中間領域（バルド）の世界は、自分の思念が目の前に形となって表れる界層です。「エンマ大王に舌を抜かれる」や「地獄の炎で焼かれる」などは、この物的世界にいたとき（生前）のネガティブな思念や行いが、形をとって表れたものでしたね。その逆、ポジティブなことや願いも、同じように目の前に現れ、実現するのです。それが、愛しいペットだったり、家族だったり、親友との再会だったり、というわけです。

第6章で四十九日の49という数は、人の思念のパターンの数ともいわれているとお話ししました。たとえば、あなたがスポーツが趣味で、ある競技に熱中していたとします。すると、バルドの世界で実現するのです。

ここでの49は、四十九日というより、49種類の小部屋があるとイメージすれば、わかりやすいでしょうか。自分の思念が同調できる小部屋に、各自それぞれひきつけられるのです。

話をペットに戻しましょう。49の部屋のうち、あなたが生前大好きだったこととの小部屋に同調したあなたは、愛するペットと再会を果たします。シルバーバーチは、そのことを「愛の住処」と表現しています。シルバーバーチが愛の住処というように、私たちがその子に会いたいという気持ちを持ち続けていれば、彼らの個別の意識が、消滅することは決してありません。

シルバーバーチは、待っているペットのことをこんなふうに語っています。

「人間にかわいがられた動物は、霊界でずっと待っていて、その人が他界してきたときに出迎えます。永遠に消滅することのない個的存在を与えてくれた人ですから、必要なかぎりずっと待っています。存続するのはその個的存在です」（『シルバーバーチの霊訓（8）』）

※シルバーバーチが言う霊界は、本書では死後の世界（バルド・中間領域）と理解してください。

虹の橋は本当にあるのか？

ここからは、飼い主さんから聞かれる代表的な質問に答える形で、解説していきます。ペットロスのセッションでダントツに多い質問は、「うちの子は、無事に虹の橋へ行けたでしょうか？」「私が死ぬまで、虹の橋で私を待っていてくれますか？」です。

虹の橋は、イギリスの芸術家エドナ・クライン＝リーキー氏が１９５９年に愛犬のために書いた散文詩に登場します。旅立ったペットたちは虹の橋を渡り、そのたもとの世界でたくさんのどうぶつたちと過ごしながら飼い主さんを待つという、女性の感性にマッチした素敵な詩なのです。そこからいろいろな言語に翻訳され、全世界に広まったといわれています。

ここで一つ注意したいのは、死後の世界に虹の橋という思念の領域が存在しているわけではないという点です。

虹の橋のたもとでペットと再会するには、あなたの思いの深さや継続性が大事になってきます。あなたが潜在意識に浸透するほど、虹の橋のことを具体的に強くイメージできて、「私が死んだら虹の橋に行くわ！　だからそこで待っていて！」と、この世で熱中していたことのように願い続けていれば、ペットはその思念に引き寄せられ、虹の橋のたもとで待っていてくれます。

死の衝撃を和らげる経＆ペットと再会するメッセージ

私たちの聴覚が最後まで残ることは、覚大和尚に解説してもらいました。自分の声で携帯に録音しておくか、プロに頼んだという飼い主さんもいました。

できれば臨終の際、そして旅立ってから荼毘《だび》に付されるまで、繰り返し聞かせてもらうといいでしょう。もちろん虹の橋でなくともかまいません。あなたが生前ペットと行った思い出深い場所や、慣れ親しんだ自宅のリビングソファーでもいいのです。愛しいその子と再会するための思いと、具体性が大切となってきます。

あなたの死後、バルドの世界で再会するためのメッセージは、私の愛犬、マルチーズの小太郎バージョンを参考にしてください。あなたの愛しい子を思い浮かべ、あなたの言葉に変更してお使いください。

「こたちゃん、いつも週末に行った○○海浜公園のこと覚えている？　階段の途中に座って、ハンバーガーを食べて、『ちょうだい』っていわれたあの公園。こたはいつも、ノーリードで走っていたよね。あそこで○○（夫の名前）とみたオレンジの夕陽がきれいで、海の潮風をくんくんしていたね。お姉ちゃんもこたも、若くて元気だった。あそこで待ち合わせしよう。着いたら、『こたーっ』て呼ぶから、『ワンワン』と返事をしながら、走って迎えに来てね」

あなた自身のオリジナルメッセージに続いて魂に響く真言を録音しておけば、実際、あなたが身体を離れたときに役立つはずです。覚大和尚から紹介してもらいましょう。

光明真言：　おん　あぼきゃ　べいろしゃのう　まかぼだら　まに　はんどま　じん
　　　　　ばら　はらばりたや　うん

光明真言は、正式名を「不空大灌頂光真言《ふくうだいかんぢょうこうしんごん》」といい、23の梵字からなる短い真言です。この短い真言が広く知られているのは、仏教の最高位である如来を称え、光明をお与えくださいという内容であることと、真言の中に、次の5つの仏（五智如来《ごちにょらい》）が入っていることからもきているのでしょう。

あぼきゃ（不空なる）……………不空成就如来
べいろしゃのう（毘盧遮那仏）……大日如来
まかぼだら（大いなる印）…………阿閦如来
まに（摩尼宝珠）……………………宝生如来
はんどま（蓮華）……………………阿弥陀如来

光明真言はこれだけ多くの如来が集結し、聖なる光（光明）であなたを包んでくれるのです。そしてその光明は現世を生きている私たちの中の不安や怖れ、執着などにも光を与えてくれます。

その結果、心がとても穏やかになれるのです。そしてあなたの旅立ちが来たときには、それまでの業（カルマ）の浄化と悪い流れ（因縁）を断ち切り、あなた（正確にはあなたの心!?）を穏やかな世界に導いてくれます。これを仏教的には成仏させていただいたといいます。

ですからご自身のオリジナルメッセージとともに、あなたの声で光明真言を録音しておくこと。そしてそのときが来たら、その真言（マントラ）の響きを耳にすると、ご自身の死を自覚するのに、とても大きな助けになることは間違いありません。

何十年も待っていてくれますか？

「うちの子が逝って、もう3年も経ってしまいました。どれくらいの間だったら、待っていてくれるのでしょうか？　その間に、変わってしまうってことはないですか？　つまりその、あの子らしくないというか、感じが変わってしまうってことはないのかと」
「それはもう、なんの心配もいりません！」と、私はいつも自信を持って言いきっています。

最高で、旅立ってから48年経った依頼がありました。子どものころ飼っていたポポという中型犬に、きちんとさよならを言わないまま実家を出て、それきりになってしまった。当時、引っ込み思案なところがあった自分の心を癒してくれたのは、ポポとの散歩の時間だった。48年も経ってしまったけれど、もう一度会って、ポポにお礼をいいたいというのです。

48年前は、庭に犬小屋を設置し、外で飼育するスタイルが多かったと思いますが、ポポもそうでした。コンタクトをとるとすぐ、まだ少年だった飼い主さんの足音に反応して、犬小屋から飛び出して迎えるシーンが出てきました。こちらの世界では48年も経っていますが、ポポが「あ、帰ってきた！」と感じたときのワクワクする喜び、鎖を引きずって飛び出すときの地面にこすれる感覚、立ち上る黒土の匂いまで鮮明に伝わってきたものです。

飼い主さんに飛びついて喜ぶ姿、巻き毛でふさふさの尾、稲穂が揺れる田んぼの道を連れ立って歩く姿……どれをとってもイキイキとしていて、あまりにリアルとしかいいようがありません。今は60代になった飼い主さんは、少年の目になってこう叫んだほどです。

「ポポ、待ってろ！　今（散歩に）行くからな」

アニマルコミュニケーターになってからの私は、今こうして体験し、過ぎていく瞬間のことよりも、記憶に残るできごとのほうが、よほどリアルと感じるくらいです。ですから、あなたの愛の記憶がポポの飼い主さんのように確かなら、何十年経っていようとも、その子が変わってしまうことはありません。あなたの愛しい子は、時間や場所の縛りを受けない世界で、あなたが来るまで待っていてくれるのです。

再会は霊界にも通用する三つの約束のあとにかなう

「この世で再び愛しいあの子と会いたい！」と切望する飼い主さんは多いものです。そして実際、「ママの元にまた還ってくるよ」「違う洋服に着替えて戻ってきたいよ」といってくる子たちが多いのも事実です。

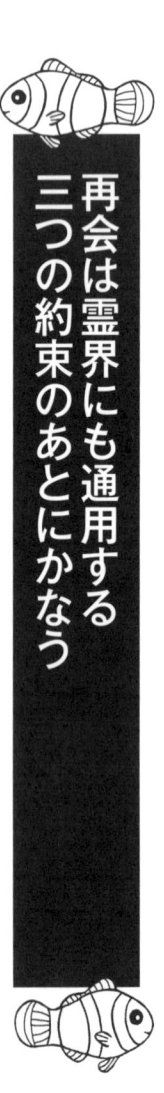

でもそのあと、どうなったのでしょうか……そのときのノリや気分の話ならいざ知らず、愛するペットとの再会です。本当に会えるの？ということが知りたいですよね。

『チベット死者の書』では、人間の転生の事例についても取り上げています。Aの生まれ変わりがBだとしましょう。生まれ変わりと正式に認められるまで、身体的な特徴などのほか、Ｂ自身が自らの口で、前世のＡであることを、証明しなければなりません。Ａが好きだったことなどをＡの家族が認めるほど言い当てたり、Ａが生前使っていたものを多くの中から選んだりということを、いくつもパスするのです。

第６章で、私たちはバルドの世界で記憶を消されて、この３次元の世界に戻ってくることをお話ししました。なので、消された前世のことを正確に覚えているのは、転生してきたこと自体に重要な役目がある場合がほとんどです。

人間でもこれだけ難しいのですから、共通の言語がないどうぶつの場合は、第三者からみたとき、飼い主さんの思い込みと片づけられてしまうことが多いのも事実です。思い込みとはいわせない再会を果たすには、飼い主さんの強い意思が必要不可欠になってきます。

この世で再会を望む場合、『チベット死者の書』やシルバーバーチの引用はありません。私の霊的な体験やたくさんのペットたちのセッションから導き出された、霊的推測からお話しします。

最初に、再会するために大事な三つを覚えてください。

①あなたがその子に、絶対に会うという気持ちを持つ。

第6章の最後に解説した、3次元の心と、霊界の理性のことを思い出してください。再会するには、この世の移ろいやすい心の領域の気持ちだけで願っていても、霊界に届きません。3次元を超えて霊界まで届く、絶対的な気持ちを持つことが、何より大事になってくるのです。

「あの子に会いたい」ではありません。「あの子に会う」と、あなたが決意してください。そのときから、この世で再会するための歯車が回り始めます。

②純粋な愛であること。

このあとの章で解説しますが、愛と執着は紙一重です。愛情と、愛も違います。愛しいあの子に再会するには、純粋な愛を持つことが必要になります。この世にしかない感情や身勝手さが入ってしまうと、霊界にはね返されてしまいます。霊界の法則が働かなくなってしまうのです。

③愛する子を、1度お返しする気持ちを持つ。

愛しい子の肉体は、この有限な物質界の法則、死によってなくなりました。肉体がなくなって目でみることはかないませんが、その子の意識だけは残っています。

この物質界で再び会うためには、みえないその子の意識も、1度あの世にお返ししないといけません。肉体がない魂の界層へ戻らないと、新たな肉体の中に、その子の魂が入ることはできないからです。これは、あなた自身の怖れや強い執着を手放せるかにかかっているでしょう。


三つの約束を実行してくださいと話をしたときの反応は、真っ二つに分かれます。

「えー、そんな簡単でいいのですか！」

「うーん、一見簡単そうだけれど、すごーく難しい」

あなたは、どちらと感じますか？　経験上、正解は後者です。どんなことでも、自分を信じきって行うシンプルなことほど難しいものはないからです。

勇気を出して三つのことをやりきれば、あなたの愛しい子のエッセンスがギュッと凝縮された子と、必ず再会できます。それは第４章の老猫マリがいったように、大いなる源へもどって、その中から還ってくるということです。純粋な愛があれば、この

3次元の世界の上の界層へあなたの思念が届き、愛しい子はあなたの元へ引き寄せられ、再びこの物質界に、肉体という新たな衣をまとってかえってくるのです。

成就させるためには、会いたいと思う気持ちは混じり気がない純なもので……純なものは軽くて霊界まで届きます。ただし、肉体という重さを伴う物質を引き寄せる決意は、岩のようにかたく持つ必要があります。

実際に会えたという事例を一つご紹介しましょう。

32年ぶりに再会したトムとさいとうともみさんの実例

セッションをしたあと、「○○と、また会えました！」というご報告は、実際30例近くありますが、その中で、とても印象深かった茶トラ猫、トムの事例を飼い主「さいとうともみ」さんに承諾を得て、ご紹介します。

ともみさんがトムと暮らしたのは、父親の仕事の赴任先北海道でした。人なつこかったトムは生後半年ほどの茶トラの雄猫で、仕事の帰りだった父親のあとをついてきたのです。当時中学生で多感な年頃だったともみさんは、布団の中に入ってきて一緒に寝てくれるトムに、ずいぶん癒されたと言います。家族全員でトムのことをかわいがっていたのですが、その暮らしは、４年で終わりを迎えました。

父親が本社勤務になったことと、ともみさんの進路のことで、家族は離れて暮らすことになったのです。本社の社宅は、ペット可ではなかったのでした。

トムは祖父の家に預けられ、母親がたびたび会いに行くことになりました。ところが、離ればなれになってから2か月たらずで交通事故に会い、トムは死んでしまったのです。トムが死んだとき試験中だったともみさんは、あとになって知りました。そのときすでに、祖父の土地の風習によって葬られ、トムの墓も遺骨も残っていませんでした。

ともみさんのセッション依頼は、当初別の子でした。その子の報告が終わったとき、彼女は手帳型のカバーがついた携帯から1枚の古い写真を取り出して、真剣な目になりました。

「あの……こんなこと聞いていいかわからないのですが……。32年前に別れた猫に謝りたいのです。無理でしょうか?」

このときともみさんは、大好きだったトムとの別れをずっと後悔していて、もう2度と猫を飼う資格がないと思っていました。

そこで聞いてみたところ、トムの思いは真逆でした。和室の鴨居にかかる、セーラー服を胸にあてて喜ぶともみさんの傍らで、香箱を組んだ32年前のトムが視えてきたのです。トムは満足そうに目を細めながら、「ともちゃん、あのときは頭をぽんぽんして、『トムまたね』と言って別れたね。だから僕はまたともちゃんと一緒に暮らして、あの続きがしたいよ」そういってきたのです。

「また会いたい、一緒に暮らしたいと、トム君がいっています」と伝えると、ともみさんは一瞬ぽかんとし、それからボロボロと涙を流しました。

「ほ、本当ですか! 私、トムに会えるならどんなことでも頑張ります。前田さん、どうしたらいいでしょうか?」

そこで私がともみさんにお話ししたのが、冒頭の霊界に通用する三つの約束です。

ペットとの再会

まず最初は、再会の意思を強力に内外へ示すことが大事になってきます。具体的に言うと、あなた自身が決意をかためます。岩のような決意です！　それからアンテナを張って、具体的な行動を起こしてください。ブリーダーや保護団体、里親サイトへの登録や訪問などがいいでしょう。トムは同じ茶トラの雄で戻りたいと、はっきりいってきていました。初代トムは父親のあとをついてきた飼い主のいない猫でしたから、ともみさんは、再会を保護猫に絞りました。

セッションを終えてすぐ、ともみさんはいろいろな里親サイトに登録し、毎日チェックすることから始めたそうです。ともみさんは現在、自分の家庭を持ち、子どももいます。お子さんや旦那さんとも「新生トムがかえってくる！」という思いを共有しました。

なんの進展もないように感じていたクリスマスの時期には、「クリスマスのプレゼントもいらないから、トムと会えますように」と、お子さんまで、自然にそう祈ったそうです。そのころちょうど、家のリフォームをしていたさいとう家。トムが還ってくると決めていたので、人間用のドアの一部に猫用のドアもつけてもらいました。そうやって、この物質界に見合った形の準備を進めるのは、とても有効といえるでしょう。

私からみたともみさんの印象は、真面目で誠実、真っすぐな人というものです。そんな彼女ですから、こちらのアドバイスを疑わず、イエス・キリストがいう「幼子のように」実行してくれたのです。

それでも、こんな相談をされたことがありました。

「出会ったとき、霊感のない私でも、トムだとわかるでしょうか？」

「絶対にわかりますから、自分を信じてくださいね」と、私は答えました。

途中ご家族に体調不良の方が出て、新生トムを迎える計画が、頓挫《とんざ》しそうになったときは、「今がその時期ではないという知らせです。焦らずに待ってください」と言いました。

セッションを受けてから約半年後、ともみさんは新生トムとの再会を果たしました。

あれから3年経った今、本章を書くにあたって、率直な気持ちを聞かせてほしいとお願いしました。茶トラではちみつ色の瞳の雄猫はたくさんいますが、ともみさんは一目みてトム！とわかったそうです。その気持ちは、今疑いようのない事実になっていると話してくれました。

2代目トムは、初代トムと見た目や癖もそっくりだそうですが、カギ状の曲がった尾、保護時にいた寄生虫の種類も同じだったそうです。そして、こういう類のことを全く信じないともみさんの兄に、2代目トムの写真をみせたところ、「これは（初代）トムだろう！」と、断言したと言うのです。

ともに暮らした者にしかわからない、その子特有の波動をみな感じ取れるのです。再会を望むあなたは、再会をはばむ怖れと疑念を捨ててください。一途で純な思いさえあれば、必ず成就するのですから。

ダイヤの中の一つのきらめき「類魂」

この章のラスト、類魂の解説をしていきます。類魂を最後にもってきたのは、スピリチュアルの世界でも「奥義《おうぎ》」といわれるほど難しいとされているからです。類魂の定義は、知識ではなく意識でないとわかり得ない世界で、霊的なことを勉強している者でも、最上級の神秘の世界といわれています。

本書の解説だけで理解することはできませんが、無理を承知で極限まで簡易化し、チャレンジしていきます。あなたも、頑張ってついてきてください。

前章でお話しした、中間生領域（バルド）で私たちは落第し、再びこの世に転生しているわけですが、往生（解脱）した魂の先に、少し目を向けてみます。往生した魂はどうなるのでしょう？

いきなり釈迦やイエスのようになって、終了ではありません。物質界に戻らなくともよいと合格点をもらった魂も、霊界では入り口に立った新入生です。そこから研鑽《けんさん》を深め、より精妙で調和的、明るく純な世界を目指して修行が始まります。そのとき、家族同然のクラスメイトになるのが、類魂と呼ばれる魂の集団です。

こちらの世界での家族は、あくまで肉体的な血縁関係が主ですから、いろいろな意識の人が1家族の構成メンバーに入っています。気の合う人、合わない人がいるのは、その人の意識の差に加え、前世から持ち越し、今世で解消するべきカルマからくる相手も含まれているからです。こちらの世界では異質で同調できない関係の中にこそ、学びの意味やカルマ解消の意義が含まれているというわけです。

この世に比べ、霊界の類魂の世界は、ガラッと変化します。この世での学びを終えた者たちですから、同調できる魂のみの集まりになるのです。意識の世界で同調できない魂が、同じ界層にいられないことは第6章でもお話ししましたね。

一つの類魂の中には、この世で医師だった者もいれば、専業主婦だった者もいます。類魂のメンバーは、こちらの世界での社会的地位や職種、性別などはいっさい関係ないのです。意識のレベルが同じであるか、同調できるかにかかっています。私たちの世界からは想像もできないほど微細なレベルで、一致、同調した魂が集まった集団（グループ）が類魂の定義です。

そして驚くことに、類魂の中では単に個別の魂が集まっているのではなく、全員が融合し、一体化しています。こちらの世界の言葉でいえば、情報や体験を我がことのようにシェアし合っているというわけです。

そしてさらに、一体となりながら、個を保つことが可能になります。初めて聞く方は、夢の世界の話のようですが、今は個としてしか存在できない私たちの魂も、いずれそうなることを目指しているのです。

シルバーバーチは、この類魂の中での個の存在を、同じダイヤモンドを形作っている面々と表現しています。大きなダイヤモンドを想像してください。みる角度によって、カット面が無数のきらめきを放っているものです。

大きなダイヤが類魂で、そのカット面の一つ一つが、個というわけです。私たち人間は、この物質界の輪廻転生から卒業しないと、類魂の世界を知ることはできませんが、個別の輪廻転生に入らないどうぶつたちは、死後すぐに類魂へと入ります。正しくは、入って行くどうぶつ

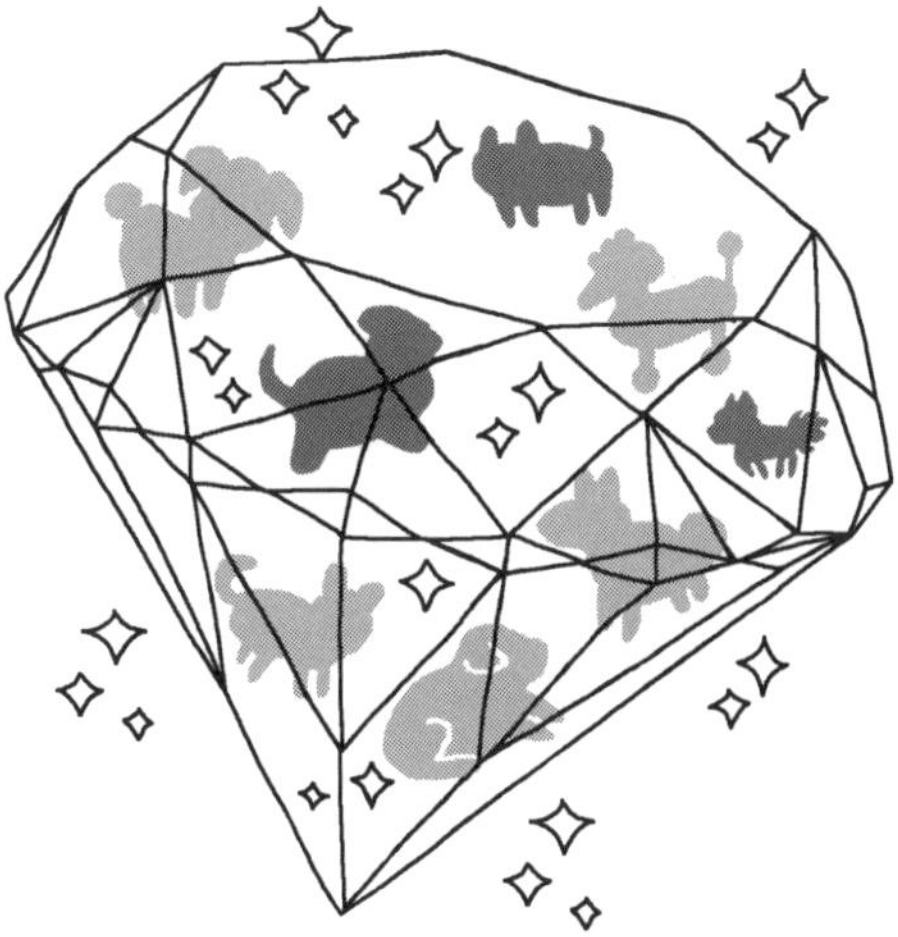

と入って行かないどうぶつに分かれます。

先ほど霊界に進んだ人間の類魂は、同調できる意識の集団とお話ししました。どうぶつたちは種族別に分かれます。犬なら犬、猫なら猫の類魂へ融合して行くのです。類魂の中では、かつてペットとして幸せだった子たちの人間から受けた愛が、その種全体で共有され、進化を促進するといわれています。

①野生どうぶつたち　彼らは元々「個」という考えがほぼありません。身近な野鳥、カラスとコミュニケーションをしてみると、主語がないか、「我々」という言い方で返事をしてくるものです。この世でも集団意識の中で生きる野生どうぶつたちは、命を終えるとすぐ類魂の中に融合されていきます。

②ペットの部類に入りますが、こちらの世界で飼い主のいなかったどうぶつたち。言い換えれば、人間から愛されなかった子たち、人間の記憶に残らなかった子たちです。野良猫、野犬という生涯を送った子たちが主でしょうか。この世でつらい思いをし

た子たちは、類魂の中に融合し、充分な埋め合わせがあります。

③こちらの世界で人間に愛され、幸せなペットだった子たち。類魂に入る子と、その個としての存在を保つ子に分かれます。類魂に入るのは、第6章の人間の転生でお話ししたように、飼い主さんが、往生や次の転生へ進んだペットたちです。それ以外では、「あの世で会いたい」、「この世で会いたい」でもない「天に（神さまに）お還しする」という気持ちの飼い主さんのペットも、類魂に入ります。

イルカ漁で命を落としたイルカのBOY

アニマルコミュニケーターになってからしばらくの間、私はシルバーバーチがいう類魂への融合や埋め合わせの実感がないまま、過ごしていました。

そんな私が類魂の感覚を体感したのは、ある日送られてきたメールが始まりでした。元保護犬の飼い主さんからで、彼女の知人が関る愛護団体が、イルカ漁の現場に抗議に来ているというのです。追い込みというやり方の漁で10数頭の群れのイルカたちが追い込まれているけれど、その中の1頭の若いイルカがパニックになった末、網から逃れ、防波堤を飛び越えてしまった。しかも、人間たちがいる海岸線の浅瀬に流されてきて、瀕死《ひんし》の状態と書いてあります。

その様子を6分間の動画におさめたので、みてほしい。動画を撮影した男性は、このイルカはもうすぐ死ぬといっていて、自分もそう思う。でも死にゆく中、このイルカが何かとても強いメッセージを私たち人間に放っている気がしてならない。それを通訳してほしいというのです。

ビデオが流れた途端、愛護団体が抗議をしているすぐ近くで、漂うイルカの姿が映し出されてきました。イルカがいるのはかろうじて浮いていられる水深で、深さは一メートルもないでしょう。みるからに若いそのイルカは、雄と感じました。すると私の額に、ＢＯＹという言葉が浮かんできました。以下、ＢＯＹと呼ぶことにします。

ＢＯＹは、自分の意思でこの浅瀬に来たと伝えてきました。すると涙があふれて、胸が詰まるような思いでいっぱいになったものです。この涙はなんだろうと思う間もなく、愛が私の胸（第2章のハートチャクラ参照）に、大量に流れ込んできました。仲間への愛でした。ＢＯＹの群れは、叔母や姉、母親などの母系で構成され、雄で若くて体力もあるのは自分だから、自分が抗議をしに行くと決断した。今、沖では、みな追い込まれて騒然となっている。どうかやめてほしい！

そこまで伝わってくると、私の身体はまるで、大きな洗濯機の中に放り込まれたような衝撃を感じたのです。

ビデオでは、苦しそうにもがくＢＯＹが映し出されていました。力なく回転し、お腹をみせ、それでも繰り返しカメラの前にやってきては、自分の姿をカメラの前にさらけだしています。やがて、人間のみなさんへという優しい呼びかけで始まるメッセージが、私の中へ流れてきました。

いつかＢＯＹのこととメッセージを、多くの人に知ってもらいたいと思っていました。実際のメッセージはかなり長文なので割愛しますが、今もキキのテーブルHP内２０１５年10月のブログに残っています。ぜひ、ご覧ください。

まばゆい光の輪、完全な調和の円

その後の私は、不思議と悲しい気持ちになりませんでした。それは死にゆく中でも、ＢＯＹがあまりに優しかったからというのもあるでしょうが、これで終わりではないという感覚が、私の中に終始あったからでした。

ビデオをみてから、2日経った朝のことです。いつものように目覚めた私は、目覚めたとたん、海の中にいたのでした。家の中で、いつもの布団の上で見慣れた窓や壁をみています。でも、同時に海の中にいるのです。ちなみに私は泳げません。なのに、まるでダイバーのように巧みな動きで、水中を歩いているのでした。

今になってわかることですが、人が毎晩みる夢は、中間領域（バルド）へ行ってみているのです。この3次元の世界に生きていて、魂と肉体がつながっているから、目覚めとともにこちらの世界に戻ってきます。

この朝の私は、ＢＯＹの強い意思と私の意識がつながっていたことにより、バルドの世界でみていたことが、目覚めても、そのまま続いていたのでしょう。

海の中にいる私の身体は、不思議なことに背びれがついていて、自由自在に身体を回転させることができました。うれしくてくるくる回っている私の中へ、水の波紋が浸透してきました。するとまわりの水が黄金色に染まり始め、上のほうから柔らかく優しい波動が下りてきたのです。

見上げると、無数のイルカが円を描いて泳いでいるのでした。ＢＯＹとその家族も、中にいるとわかります。彼らがいる円は、この3次元の世界で再現することなどできないほどまばゆい光の輪で、完全なる調和の円としか表現できません。

私の脳裏に一瞬、ＢＯＹを探して労いの声をかけたい気持ちがかすめましたが、すぐにどうでもよくなってしまったのです。あまりの心地よさに、私もあの光の輪の中へ、混じっていきたい。そんな気持ちでいっぱいになるからでした。

細かい光の粒が個別の魂だとしたら、類魂の中に引き寄せられて集まった光の粒が触れ合うことで、共鳴が始まります。共鳴し合った魂の振動は、やがて足並みを揃え、共鳴から同調、そして浸透し、無数の魂へと融合されていきます。溶け合った粒は、きらめく光の柱となって、もう個々のイルカはわかりません。でも、ＢＯＹの存在が無くなったわけではないのです。

私はこのとき、ようやくシルバーバーチのいうダイヤの中のきらめきが理解できたのです。それは、第６章の心と意識のところでお話しした、信じる信じないという心の理解ではなく、紛れもない事実と意識で理解する、強烈な体感でした。

どんな再会にするかは飼い主さんしか決められない

ともに暮らしたペットが何匹もいる飼い主さんから、「全員公平に、この世でまた会いたいといいたいけれど、我が家は定員オーバーです。そういうときどうしたらいい

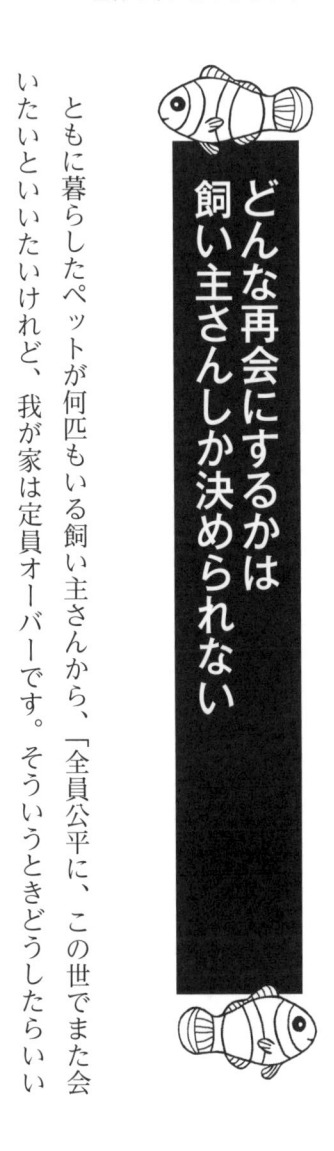

ですか？」と、聞かれることがあります。私は小太郎以降、13頭の保護猫と暮らしてきました。もちろんどの子もみなかわいいのですが、やはり出会った時々で、その子の役割というものがあり、それはみな違います。

小太郎は、私にとって唯一無二の存在です。今も強烈に愛していますが、この3次元の物質界で会いたいとは思えないのです。小太郎とは、私が死んだとき再会すると決めています。お互い、魂だけになった世界で会いたいのです。

もう一度この世で会いたいと思った子もいて、すでに会って今現在、一緒に暮らしています。それは出会ったときにその子が傷ついていて、病弱でボロボロだったことと、もっと一緒にいたいと思いながら、当時忙かった私がゆっくりした時間を持てないまま終わってしまったからです。今度は、ちゃんと向き合いたいと決めていた子です。

それ以外の猫たちは、類魂にお還ししています。我が家で注いだ愛を、この世で愛されなかった子に分けてほしいと思うからです。ＢＯＹがみせてくれた類魂の世界は、個で愛されることとはまた別格の素晴らしさがあったからでもあります。

あなたも、あなたの愛しいペットと、あなたが決めた形で、再会できることを願っています。

第8章

愛について

どうぶつたちの愛は なんの条件もつかない無償の愛

あなたの愛しい子と、この世で再会する、自分が行くまで待っていてもらう、類魂の世界を望む、いろんな再会があることは、第7章でお話ししました。望む形は人それぞれでも、共通する思いがあります。

「私があの子を愛した以上に、あの子からたくさんのものをもらいました。何をもらったか言葉でうまく説明できませんが、それは間違いないのです」。これは、セッションを終えた飼い主さんの多くが、しみじみとつぶやく言葉です。言葉は違っても、あなたもきっと同じ思いでしょう。

そしてあの子からもらった、たくさんのものを一言にするとしたら……本書の随所に出てきましたが、「無償の愛」しかありません。第1章でお話ししたように、あなたが貧乏でもお金持ちでも、社会的名声があってもなくても、機嫌のよいときもそうでないときも、時には八つ当たりをしても、ペットはあなたに、変わらぬ愛を向けてくれるのです。

一方、私たちが普段愛と呼んでいる気持ちをみていきましょう。あなたの愛する夫や、恋人、子どもや親友を思い浮かべてみてください。

あなたはこれまで、一生懸命相手に尽くしてきました。でもある日、その相手があなたを裏切っていたことを知ってしまいます。夫なら、勝手に会社を辞めていた、浮気をしていたなどでしょうか。子どもなら、あなたがその子を思ってアドバイスしたことに耳を貸さないときや、非行に走ってしまったときでしょうか。友人なら、自分のいないところであなたの悪口を言っていたなどでしょう。

そのことを知ったあなたはどうしますか？　笑って何事もなかったように振る舞える人はいないとしても、相手を許せるでしょうか？

裏切られたという悲しみや怒りで、いっぱいになってしまうのが普通ですね。「私はこんなに尽くして愛してきたのに、どうして！」という気持ちが高じて、「私と同じ気持ちを味わわせてやるとばかりに、恨みや報復の気持ちを持つ人もいるでしょう。

そこで考えてみるとき、私たちは愛しているといいながら、どこかで必ず自分が注いだ愛に対する見返りを求めていることになります。そして、相手がそれに応えてくれなかったと、怒り、悲しみ、時に恨んだりもしているわけです。これでは、無償の愛とはいえません。

私たちの愛が、愛とは逆の怒りや恨みに振れてしまうのは、第6章でご説明した心、心と結びつく感情で動いているからです。普段私たちが愛と思っている気持ちは、「愛」ではなく、感情の「情」がつく愛情ということになります。一方どうぶつたちの気持ちは、情がつかない愛です。彼らがみせてくれる愛は、自分がしたことへの見返りを求めないはもちろんのこと、なんの条件もつかない無償の愛です。だからこそ、私たちは「あの子からたくさんのものをもらいました」という気持ちになれるのです。

今からお話しする「大岡裁き・子どもの争い」が、愛と愛情の違いを、よく表しています。有名なこの話は、どこかで聞いたことがある方もいることでしょう。登場する子どもをあなたの愛しいペットに代え、もしあなたがその子を手放さなければいけない事態になったとしたら……自分はどうするか？を考えながら、読み進めてください。

ペットは飼い主がどんな状態でも
変わらぬ愛を持つ

この争いは、先妻が産んだ子どもを、後妻が自分の子だと主張したことから始まりました。裁きの場のお白洲に出る前に取り調べが行われましたが、それぞれが正当性を並べ、「自分の子」と主張して譲りません。

さて裁きの当日、お白洲の場で大岡越前はこう言いました。「ならば、子どもを真ん中にして両側から引っ張って決めようではないか」と。

両側から大の大人に両腕を引っ張られた子どもは、痛がって泣き叫びます。ペットなら、上半身と下半身を持って引っ張る感じでしょうか。ペットは当然痛がって鳴き、もがくでしょう。

大岡裁きの子ども争いでは、痛がって泣き叫ぶ子をみた先妻が手を離してしまい、子どもは後妻の手に渡ります。勝ったと思った後妻は、「私の子」と、高らかに宣言しました。そこに越前守の声が響き渡ったのです。「お前は偽者である。真の親であれば子どもが痛がっているのをみれば、いたたまれずに手を離すものだ」。

この越前守の裁きの中にこそ、真の愛があります。手を離せば、2度とこの子と会えなくなるかもしれない。この子を愛しているから、そう思っただけで身を切られるほどつらい。でも、その愛する子が今こんなに苦しんでいるのは自分がつらいと思うことよりもつらい。こんなふうに、相手の身になって考えられるのが本当の愛です。

一方後妻は、自分自身の身勝手な欲から、いつのまにか執着に変化した愛情にとらわれて、痛がる子を引っ張り続けてしまったわけです。

この子があの子（前の子）の生まれ変わりか事前に確認したい

もう一つ注意してほしい点があります。「気になる子がいるのですが、前の○○の生まれ変わりか視てもらえますか？」。

この質問は、冷静になってよく考えてみるととても失礼なのですが、「愛しいあの子に今世で再会したい！」と熱望する飼い主さんが、やってしまいがちなことです。その質問をされた際、私は真っ先にこう確認しています。

「もし、その気になる子が前の○○ちゃんではないと私が言ったら、迎えないのですか？」。聞かれた飼い主さんは、一様に口ごもってしまいます。

違うと言われて迎えられなかった子を、自分に置き換えてみてください。あなたは、前につき合っていた忘れられない人に似ているからという理由で選ばれ、違うとわかって去っていかれたわけです。前の人の単なる代わりということになりますから、とても悲しい気持ちになりますね。

さて、もし私が前の子だと言って、その子を迎えた場合はどうでしょう。誰かに任せて（依存して）大事なことを決めた場合、誰しも必ずといっていいほど、あとから疑念の気持ちが芽生えてくるものです。特に、仕草や性格などが違った場合はなおのことです。

「本当に、あの子なの？」と、いつも前の○○に似ている、違うと比較しながら暮らすことになるわけです。これもまた、新たな子に対して失礼なことですね。

どちらも、自分の側からしか気になる子をみていませんから、愛ではなく執着になってしまっているのですが、必死なあまりわからなくなっているのです。そんな飼い主さんには、こんな質問をします。

「その子の資質や性質、その子が持っている目にみえないものを、あなたは愛しているのですか？　それとも顔や容姿、外見ですか？」と。

みな、はっとなって、「あの子の顔形はもちろん大好きでしたが、本当に好きなのは、あの子の性格や雰囲気や仕草のすべてです。あの子をあの子たらんとさせているすべてが、大好きでした」と答えてくれます。

もし外見が似ていればよしとするなら、クローンでもいいことになります。クローンでいいのであれば、わざわざ誰かに聞くまでもなく、顔形がそっくりな子を選べばいいことになってしまいますね。


あなたが本当にこの世で再会したいと願うなら、第7章のともみさんのように自分にできることを全力でやって、あとはお任せすることです。

「万事を尽くして天命を待つ」のことわざにもあるとおり、可能な限りの努力をしたなら、あとは焦らず、結果は天の摂理に任せるのです。前章でもお話ししましたが、あまりに物質的な視点でその子を探し回ると、霊界にあなたの思念が届かなくなってしまいます。霊界の波長と同調できないので、はねられてしまうわけです。

強い決心をして、できることは全部やったら、あとはお任せする、委ねることが大事です。ここでいう委ねることの意味は、信頼するということでもあります。本書で何度もお話ししてきましたが、信頼を邪魔する最大のものは、怖れと執着なのです。

僕はもう、やることを決めているよ

最後に、M家のレオというプードルの興味深いお話をご紹介しましょう。レオはアプリコット色のプードルで、誰にでも優しく穏やかな資質から、「レオ君に会うと癒される！」と、近所でも人気の犬でした。賢い子でもあったので、レオ自身も自分が人を癒す力があるとわかっていたようで、散歩のとき、自分に会うのを楽しみにしている人や犬が来ないと、家に帰るといわなかったそうです。

対面でセッションをしたのはレオが旅立ってから半年ほど経っていましたが、そのころでさえ、Mさんが1人で歩いていると、顔見知りの人に声をかけられるほどでした。その人たちはみな口を揃えて、こう言うのだそうです。「レオ君は本当によい犬で、別格だったわ。今でも、あの笑顔を思い出すのよ」。

Mさんもレオの笑顔を思い出したのか、話しながら声を詰まらせてしまいました。私は泣くことから注意をそらそうと、こう声をかけました。

「レオ君の笑顔の写真があったら、私にもみせてください」

Mさんは「ほとんど、レオの写真ばかりですから、みてやってください」と、携帯を渡してくれました。手渡された携帯の写真フォルダはMさんの言うとおり、笑っているレオの写真ばかりでした。

笑うどうぶつたちの写真はたくさんみてきましたが、それでも思わず、見入ってしまったものです。普通どうぶつたちが笑うとき、目を細めてあるいは目をつむって大きく口を開ける表情が多いのですが、レオはしっかりと目を開け、目にも笑みをたたえながら、カメラ目線で微笑んでいるのです。

その微笑みはまるで人間のようです。私は目が離せなくなって、写真をスクロールしながらみていました。

そのとき突然、時おり起こる感覚、左手が熱くなってきたのです。実は、第7章のさいとうともみさんからトムの写真をみせられたときもそうでした。どうぶつ自身が何か大事なことを伝えたいとき、写真をのせている私の手のひらが重くなるか、熱くなってくるのです。レオのときは携帯の画面でしたから、携帯本体が熱を持ったのかと確認しましたが、そうではありません。

私は何を伝えたいのだろうと意識を集中しながら、再び指で画面をスクロールしていました。すると、とても不思議な写真が飛び込んできたのです。穏やかな微笑のレオの顔がアップで写っている写真でしたが、その額、人間でいえば霊的なチャクラに通じる場所に、黄金色の光が写り込んでいるのです。まるで何かの印のような、くっきりとした光でした。

「……あの、この不思議な光はなんですか？」

「Kさんが持ってきた、法具です。偶然反射したのですかね……何年か前に、身内のKさんが得度したのです。この写真は、Kさんがレオにお経をあげに来てくれたときのものなのです」そう言うと、レオをしのんでMさんはまた涙声になってしまいました。

「Kさんは、レオのことを甥《おい》っ子みたいにかわいがってくれていました。亡くなったあとも、節目にこうしてお経をあげにきてくれるのです」

私はMさんが泣き止むのを待っていましたが、その間に映像が視えてきたのです。法衣の裾のあたりにレオがちょこんとお座りし、経を唱える男性をじっとみている光景でした。

私は先ほどの不思議な光の写真に向かって、さらに集中してみました。すると今度は手だけでなく、胸のあたりも温かくなり、声が響いてきたのです。「お母さんに伝えて。僕はこちらで、（Kさんの）お手伝いをすることにしたから」。

手伝うというのは、先ほどの額の光とみせてくれた状況から、霊的なことと感じました。お店をやっている方のペットは、「これからも、僕が看板犬だよ」といって、お店にいる光景を視せてくれることはありますが、レオのケースは違います。そこで額の光が放つエネルギーを感じ取ろうとしたところ、Mさんは私の内心を読み取ったかのように、こう言ってきたのです。

「先生、質問には書かなかったのですが……レオはこれから、どうするつもりでしょう？　あの子の祭壇に向かって話しかけていても、最初から家にはいない気がするのです。おっとりした子でしたが、意思の強いところもあったので、何かやりたいことでもあるのかなと」

僕はお母さんを見守っているからね

この日は時間に余裕があったので、私は本書の第7章でお話ししたことを、かいつまんで、Mさんに説明したのでした。Mさんの本音は、レオが自分の元へ還ってきてほしいという気持ちと、話す中で感じましたが、彼女は時おりうなずき、何度か遠い目になりながら、静かに聞いていました。

「レオが決めたことなら、私はどんなことでも応援してやりたいです」。Mさんの答えを聞いて、私は大岡越裁きの話の前妻を思い出したものです。

Mさんの気持ちを伝えると、レオはこう返してきました。「しばらく経ったら、お母さんはまた犬と暮らすよ。その子は僕とは違うけど、僕はいつでも見守っているからね」。「今の時点で、レオ君がKさんの何を手伝いたいと思っているのかまでわかりませんが……Mさんは、新たな犬と暮らすことになると、レオ君がいっています」。

するとMさんは小さく首を振って、「……もう犬と暮らすことはないと思います」と、つぶやきました。感情を抑えた口調でしたが、それだけにいっそう、レオをどれだけ愛していたかが伝わってきたものです。

その後Mさんは、どうなったのでしょうか。セッションの報告をした日から7か月ほど経ったころ、レオのいったとおり、新たな犬とご縁がありました。今は、再び同じ道を散歩しているのです。新たな子はレオではないけれど、ときどきレオを感じることがあるそうです。

あのときMさんが、「他の犬など絶対にいやだから、私の元に還ってくるよう説得してください」などと言ってレオにしがみついていたなら、今の子との出会いはなく、レオを感じることもなかったでしょう。

愛する子があなたの中で新たな命として生きる

本章の最後に、読者のみなさんにお願いがあります。たくさんのどうぶつたちが教えてくれた本書の内容を、あなたとあなたの愛しい子の間で、活かしていただきたいのです。

生きるということは、ただ肉体が存続することではありません。本書にある子の経験を、あなたとあなたの愛しい子に引き寄せて、自分とその子の中に活かすことでもあるのです。活かすことで、あなたの愛しい子は、あなたの中で新たな命を生きることになります。そのとき、あなたの中にある怖れと執着は、影を潜めていくでしょう。

あなたが怖れと執着から解放されることは、私たちに有形無形のたくさんの愛をくれた愛しいあの子に、私たちができうる最大の愛のお返しなのです。

おわりは始まり

最後まで読み進めてくださり、ありがとうございます。「おわりに」では、本書が誕生する過程で起きた不思議な出来事の数々を、みなさんにシェアいたします。

『魂はずっとそばにいる』という本を出して以来、どうぶつたちの死後の世界について聞かれることが多くなっていました。求めに応じて話す中で、人間の死後の世界と比較しながら説明するほうが、より理解できることがわかってきたのです。でもそれには私1人ではなく、専門家の協力がほしいと感じていました。


2023年の春ごろのことです。主宰するアニマルコミュニケーター養成講座に学びにきている若き尼僧から、卒業後、プロのアニマルコミュニケーターになりたいと聞きました。私は、協力者は身近にいたとうれしくなりました。尼僧の立場から死後の世界を説明できれば、ペットロスで悩む方々の強力な心の支えになるからです。

実際、一緒にペットロスのお話し会を開催してみたところ、大好評でした。ところがその後、真面目な彼女は、尼僧の立場から発言するには経験不足で、自信がないと言ってきたのです。今は彼女の気持ちをわかるのですが、当時の私は、傍目にもわかるほど気落ちしていました。

その日から半年ほどで、第8章のレオの飼い主Mさんの依頼がきたのですが、その間に私が行ったのは、第7章の今世での再会を現実化するやり方と全く同じです。私は必ず協力者と出会うと決め、スピリチュアルの世界の新たな学びを進めていたのです。

必然は偶然のような顔をしてやってくると、今こうしてお話ししながら思います。あのまま尼僧の生徒と一緒にやっていたら、彼女に任せてしまい、人間の死後の世界の理解は深まらなかったでしょう。

自分を信じて学び始めなければ、Mさんとの出会いを引き寄せられませんでした。そしてMさんの涙をみなければ、レオの不思議な写真をみることはなく、覚大和尚と出会うこともなかったのです。

お気づきの方も多いと思います。第8章に登場したMさんの愛犬レオは、カバーの袖の写真のプードルです。そして、Mさんの身内のKさんは共著者・覚大和尚なのです。

Mさんに仲介してもらって覚大和尚と会ったあとも、不思議なことは続きました。祖父は浄土真宗の僧侶でしたが、私はなぜか、真言宗にひかれてきたのです。必然を確信したのは、覚大和尚が、現在13もある仏教の宗派の中で、真言宗僧侶と知ったときです。

人間の死後の世界の説明には、『チベット死者の書』に書かれた教えを引用するのが、最適と思っていました。教義は宗派によって部分的に異なります。『チベット死者の書』が、真言宗の教義と一致していたことで、覚大和尚の共著が現実的に加速しました。ほかにも一見偶然のような必然が次々と起こって、本書をお届けすることができたというわけです。


最初の扉はどんなときにも重いものです。その扉を開いてくれた覚大和尚に、深い感謝を捧げます。「僕はこちらの世界で、Kさんのお手伝いをする」といったレオの予告は、ここでも現実のものとなりました。

本書企画の初顔合わせで、覚大和尚、編集者福元美月さん、私の予定が唯一合った日は、なんとレオの命日でした。霊界でのレオの初仕事を一緒に進めていると実感できて、とてもうれしくなったものです。

協力いただいた、蓮岡元一獣医師、鈴木玲子獣医師のお二方にも御礼申し上げます。どうぶつたちに常に接する専門家の立場からの見解は、本書の視点を広げるために、必要不可欠なことです。

BABジャパンの編集者、福元美月さんには、プロの立場からいつも的確なアドバイスをいただいたこと、深く感謝いたします。同じ愛犬家である視線の優しさにも、終始安心感を持てました。

最後に、ここまで私を連れてきてくれたどうぶつたちに、最大の感謝を送ります。思えば愛犬小太郎の喪失体験から、私はいつもどうぶつたちに手を引かれ、背中を押されて新たな扉が開いてきました。

肉体の死は終わりではなく、意識は存続し、思念の世界へ移行して行く。そのことを知ったのも、アニマルコミュニケーターになり、旅立ったペットたちの思念を受け取ってからです。

本書を通じて意識の世界へ目を向け、みなさんの愛しい子との間に新たな扉が開けたなら……私にとって、これ以上の喜びはありません。

令和6年11月吉日

前田理子

おわりに

宇宙を駆ける愛し子《いとし ご》を思う

私は現役の脳神経外科医です。手術で脳にメスを入れるとき、心を込めなければうまくいかない場合がよくあります。

外科医は昔から「切ることが好きな者がなる」といわれてきました。しかし、ただ切っているだけでは決してないのです。心を込めるということは、みえないものにじっと祈りを捧げることです。広大な宇宙のかなたの存在に祈っているのです。

私はそのかなたにこそ、神仏も、かわいいペットの魂もあると感じています。メスを持つ脳外科医として、そして宇宙に帰依《きえ》する僧侶として。帰依とは仏教的な言葉ですが、自分の魂をすべて神仏そして宇宙の大法則にお任せするという意味です。

この本のカバー袖に掲載されたレオは、私の身内のような、本当に私を慕ってくれた愛犬でした。その子が旅立った、いや逝ったときの悲しさは、みなさんと全く同じです。来る日も来る日も晴れることがない、重苦しい気持ちでいっぱいでした。医師であり、僧侶である私でも、何かにつけて「レオはあちらで幸せか」などと思ってばかりいました。思わないときはなかったのです。今、悲しみにうちひしがれているみなさんと全く同じでした。

一つだけ違うことがあるとしたら、私がレオの心を宇宙に向けて「いってらっしゃい！」と解き放つことができたことかもしれません。そして、私がレオを思うとき、彼の魂が瞬時に宇宙を駆け抜けて、私のまわりに来てくれていると感じたことが何度もありました。

このことは、共著者の理子さんが本書の中で、ペットの魂を、愛を持って手放してあげること。それが最も大切で、ペットたちは神様の計らいですべてわかっている、と優しく強く語ってくれたこととシンクロしていました。

私は、みなさんが心身とも元気に明るく生きるために、仏教の考え方を医学に取り入れて活動しています。僧侶ではありますが、あくまでも軸足は医師です。

私たちの心も、ペットたちの心も、気の遠くなるような長い時間を経て、宇宙からこの地球に来ました。そして数年から十数年、飼い主さんと「ともに」過ごしている時間があっても、やがてはまた大宇宙に戻っていきます。

飼い主さんも同じです。先に戻るペットに「愛のエール」を送ってリードを外し、大宇宙に向かって走って行く姿を、私たちが愛の笑顔で見送ってあげる。大きな愛の涙を頬に流して。そのときが来たら、このような見送りができるかわからないと思う読者のみなさん。悲しいけれども、お顔を上げて、朝の青空、星が輝く夜の空を見上げてみてください。かわいいあの子が懸命に走っている姿がみえますよ。

駆け抜けていったあの子の心を、あなたがしっかりと受け止めてあげなくては、あなたの飼い主さんとしての義務は終わらないのです。

本書の出版にあたって、たいへんなご尽力を賜りましたBABジャパンの東口社長、企画出版部の福元美月さん。またご指導をいただきました淡海覚心先生（真言宗妙見山龍王院・北斗妙智会、滋賀県大津市）、および有益なご助言を賜りました大栗妙喜先生（高野山真言宗八幡大師大日寺、東京都渋谷区）、またその他多くの関係各位に、心より御礼申し上げます。

九拝　合掌
覚大

前田理子　まえだりこ

17年間のペットシッター業務に従事する中でどうぶつたちの幸せは飼い主の心のあり方によると痛感する。2014年アニマルコミュニケーターとして始動。正確なリーディングに裏打ちされた丁重で心に響くセッションが評判となり、各種メディアに取り上げられる。横浜国立大学で、保護犬猫のセッション事例を講演するなど普及に努める一方、2022年より、アニマルコミュニケーター養成講座を開講。後進の育成にも力を注いでいる。著書に『魂はずっとそばにいる』（ビジネス社）『ねこ瞑想』（辰巳出版）。

前田理子　公式サイト「キキのテーブル」
https://kikinotable.com/
blog 「4×6の軌跡」
http://blog.kikinotable.com/

覚大　〈真言宗妙見山龍王院〉

「脳と心の関係性、心はどこにあるのかを突き止めたい」との熱い思いを抱いて、脳を直視できる脳神経外科医となる。国内の救命救急センター勤務を経て、イギリス、アメリカ、ドイツに留学。帰国後開業し、手術対象となる脳疾患のほか、認知症の治療に心血を注ぎ、あらゆる不調を訴える患者の助けとなってきた。一方で心のありかを突き止めるというライフテーマにも着手。病に苦しむ人の心に手を差し伸べる「魂外科医」でありたいと発願し、宇宙の真理に目を向け出家得度。現在は悩める人の心に光を注ぎ、死という心身の移行時の迷える魂に光を指し、より強く、より優しく生きるための水先案内人の役目も果たしている。

第2章でご協力いただいた獣医師

蓮岡元一（蓮岡動物病院）
東大阪市大蓮東 2-21-21
TEL 06-6720-6100
FAX 06-6730-1203

鈴木玲子（ベル動物病院）
東京都新宿区住吉町 1-12 新宿曙橋ビル 1 階
Tel. 080-3204-0534
ホームページ bell-hos.com
メールアドレス info@bell-hos.com

あの子にまたきっと会える

ペットロスの悲しみが愛と感謝と希望に変わる

2025年3月5日　初版第1刷発行

著　者　前田理子　覚大
発行者　東口敏郎
発行所　株式会社 BAB ジャパン
〒151-0073 東京都渋谷区笹塚 1-30-11　4・5F
TEL　03-3469-0135　　FAX　03-3469-0162
URL　http://www.bab.co.jp/
E-mail　shop@bab.co.jp
郵便振替　00140-7-116767
印刷・製本　中央精版印刷株式会社
Illustration　天野恭子（magic beans）
Design　石井香里

ISBN978-4-8142-0699-5　C2077

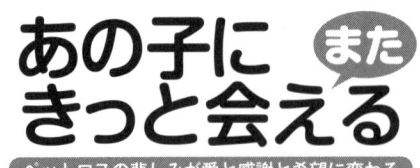

BAB ジャパン　セラピー関連オススメ書籍！

自分を癒し、人を癒す

書籍　セラピーが 11割

10 割を超えた 1 割分で誰かを癒す。「＋ 1」を生み出す癒しの近未来予想図！ セラピスト人生 30 年の癒しの集大成！ 巻末資料に「日常の自覚症状から潜在意識のヒントを見つける」ミニ辞典掲載！ セラピスト、カウンセラーを導く、癒しの本道とは !? 変化に揺らがない「シン・セラピスト」としての生き方。

●おのころ心平 著　●四六判　● 256 頁　●本体 1,600 円＋税

魂の声を聞くと、心が楽になる

書籍　カラダからの伝言

魂の本音、過去世、未来、カラダはすべてを知っている !! 手をかざして、全身から様々な情報を受け取るボディーメッセージで人生を変えた、驚きと感動の12 ストーリーをご紹介！ 人の心の深さ、慈愛の尊さを感じるエピソードとともに、読者自身がカラダからのメッセージを受け取る「直感力の磨き方」についてもアドバイスします。

●せき双葉 著　●四六判　● 192 頁　●本体 1,400 円＋税

更年期は「第二の思春期」

書籍　女性ホルモンのトリセツ

40 代から揺れ動く心と体のケアに、心と体の変化を感じたら開く本。セルフケアでホルモンを味方につけて更年期を楽にする考え方と方法を紹介。「私はこうして乗り越えた！」経験者の知恵も満載 !! 本書が気になったあなたも、今現在、自分自身のしんどい状態を少しでもわかってほしいと感じているかもしれません。

●難波かおり 著　●四六判　● 160 頁　●本体 1,400 円＋税

“幸せホルモン”オキシトシン効果の生理学

書籍　タッチの魔法　アロマの奇跡

セラピストなら知っておきたいエビデンス！「触覚×嗅覚」で癒しの“相乗効果”。まず先に感情を動かし、幸せや愛情を司る「オキシトシン」を増やす仕組みを知る。タッチング研究の第一人者が、絶大なる「癒し効果」のエビデンスを分かりやすく解説！

●山口創 著　●四六判　● 220 頁　●本体 1,600 円＋税

「自分に優しい生活」で婦人科系の不調が消える

書籍　体の声を聞くことで生理が楽になる

「がまん」も「がんばる」もいらない。甘いものやアルコールを無理にやめようとしていませんか？「食べたい、飲みたい」は体からのサインです。体の状態を知って、不快な症状とサヨナラしましょう！ 薬にも治療にも頼らない、自分でできる体の調え方を、これまでにはないメソッドでお伝えします！

●安部雅道 著　●四六判　● 224 頁　●本体 1,400 円＋税